DA ALMA E DOS OSSOS

AFORISMOS DE CRÍTICA CULTURAL: UMA CIÊNCIA MELANCÓLICA

LUIZ FELIPE PONDÉ

70

Rio de Janeiro, 2025

Da alma e dos ossos

Copyright © **2025** Edições 70.

Edições 70 é um selo da Editora Almedina do Grupo Editorial Alta Books (Starlin Alta Editora e Consultoria LTDA).

Copyright © **2025** Luiz Felipe Pondé.

ISBN: 978-65-5427-289-6

Impresso no Brasil – 1ª Edição, 2025 – Edição revisada conforme o Acordo Ortográfico da Língua Portuguesa de 2009.

Dados Internacionais de Catalogação na Publicação (CIP)
(BENITEZ Catalogação Ass. Editorial, MS, Brasil)

P855a
1.ed. Pondé, Luiz Felipe
Da alma e dos ossos : aforismos de crítica cultural : uma ciência melancólica / Luiz Felipe Pondé. – 1.ed. – Rio de Janeiro : Edições 70, 2025.
96 p.; 15,7 x 23 cm.

Bibliografia.
ISBN 978-65-5427-289-6

1. Aforismos. 2. Alma (Filosofia). 3. Ciência e cultura. 4. Filosofia (Ética moral). I. Título.

01-2025/37 CDD 100

Índice para catálogo sistemático:
1. Aforismos : Cultura : Filosofia 100

Aline Graziele Benitez – Bibliotecária – CRB-1/3129

Grupo Editorial Alta Books

Produção Editorial: Grupo Editorial Alta Books
Diretor Editorial: Anderson Vieira
Editor da Obra: Marco Pace
Vendas Governamentais: Cristiane Mutüs
Gerência Comercial: Claudio Lima

Assistente Editorial: Andreza Moraes
Revisão: Rodrigo Nakano
Diagramação: Aurélio Corrêa
Capa: Beatriz Frohe

ALTA BOOKS
GRUPO EDITORIAL

Rua Viúva Cláudio, 291 – Bairro Industrial do Jacaré
CEP: 20.970-031 – Rio de Janeiro (RJ)
Tels.: (21) 3278-8069 / 3278-8419
www.altabooks.com.br – altabooks@altabooks.com.br
Ouvidoria: ouvidoria@altabooks.com.br

Editora **afiliada à:**

"O mundo é virado de ponta-cabeça: vozes chamam de cisternas vazias e de poços. Atravessando com dificuldade esse horror, o Peregrino chega à Capela Perigosa, ossos secos e túmulos caídos."

> KIRK, Russel. **A era de T.S. Eliot**: a imaginação moral do século XX. 1. ed. São Paulo: É Realizações, 2011.

"Cada vez mais nos assemelhamos àquelas pessoas ativas que 'rolam tal como pedras, conforme a estupidez da mecânica'."

> HAN, Byung-Chul Han. **Vida contemplativa ou sobre a inatividade**. 1. ed. Petrópolis: Editora Vozes, 2023, citando Nietzsche: "Humano, demasiado humano: um espírito livre".

"O robô, para o homem moderno, é o homem salvo."

> BERNANOS, George. **La France contre les Robots**. Montreal: Le Castor Astral Éditeur, 2015.

SUMÁRIO

A CULTURA CONTEMPORÂNEA DE BACTÉRIAS
- alguns reparos de partida

TENHAM EM MENTE DURANTE TODO O TEMPO QUE, por acaso, dediquem a essa ciência melancólica que aqui proponho que jamais foi minha intenção salvar mundo nenhum, antes de tudo porque não há salvação nenhuma em jogo. Durará ele, e nós nele, o quanto durará, portanto, não me coloque questões aborrecidas que pretendem cobrar desses breves ensaios ou aforismos alguma forma de adesão ao mundo, porque não encontrarão. Não desperdicem meu tempo nem o vosso.

Antes de tudo, um esclarecimento: vou repetir algumas ideias ao longo desses breves ensaios porque a comunicação precisa de redundâncias, já que o leitor é um ser efêmero. Hoje mais do que nunca. Lembrem que escrever ensaios é "pensar com o lápis", como dizia o grande crítico cultural e filósofo Theodor Adorno.

A primeira é que não vou me deter ou me preocupar em dar uma definição de cultura. Como dizia o filósofo francês do século 17, Blaise Pascal, melhor não perguntar o que é o tempo porque a pergunta vai apenas nos confundir. Quando falamos sobre tempo, as pessoas nos entendem de forma bastante razoável. Intuímos o que é o tempo. Não o tempo da física contemporânea, que, aliás, é contraintuitivo completamente. Pois bem: faço minhas palavras de Pascal. Tampouco vou dar definições complexas sobre cultura.

Direi apenas, seguindo os passos de Hegel no século 19, que cultura é o conjunto de produções objetivas do espírito. Se você quiser, direi o conjunto de produções objetivas da consciência.

Daí se segue que comida, lei, arte, religião, instituições, comportamento em geral, literatura, dança, ciência, linguagem são exemplos de elementos que constituem esse conjunto. Quando eu falar de cultura, ouça isso, e não perca tempo buscando definições que mais parecem uma baixa escolástica do tipo: quando puxo um burro com uma corda, sou eu que puxo ou a corda?

E mais: não me aborreça, como é comum no efêmero leitor do século 21 – que, mais do que em qualquer outra época, é ignorante acerca da sua própria ignorância –, com detalhes óbvios como "toda cultura tem limites contextuais, geográficos e históricos". Sabemos disso, aliás, a cultura é um contexto que limita quase tudo mais no que se refere ao ser humano.

Não falo de fora da cultura, mas a partir dela sobre ela mesma. Haveria outra forma? É possível falar da linguagem de fora dela?

Outro detalhe: esse espírito do qual falo já é o espírito afogado nas "tolices do tempo" – como dizia Russel Kirk, citado na epígrafe –, traço característico de tudo que é nosso.

E mais: cabe uma metáfora de última hora, a cultura da qual falo é, obviamente, a cultura contemporânea de bactérias. Na qual nadamos.

A modernidade é pura vaidade.

Bem-vindo à alma e aos ossos.

AS VÍSCERAS DE UM VIRA-LATA

HÁ UMA DEVASTAÇÃO MODERNA EM GERAL, e há uma devastação específica entre nós. Sendo o Brasil um país disforme, os males que aqui chegam, chegam de forma ainda pior. Não temos como reagir a imposições do governo, da classe letrada, das modas de pensamento, porque não há mercado o suficiente entre nós para nos dar aquele tipo de liberdade que só a riqueza nos dá: agradar uns e desagradar outros, onde há nichos para todos os gostos. Aqui só há espaços para grossos e os donos da cultura. Uns, mal-educados; outros, maus-caracteres.

Antes de tudo, um rápido reparo. Não parto do pressuposto de que houve algum dia em que a cultura viveu em paz. Mas, quando poucos criavam cultura para além dos artefatos de sobrevivência mais banal, a cultura mais sofisticada estava protegida da barbárie que marca nossa espécie quando se mostra em grandes quantidades. Com o advento da promessa de progresso da modernidade, o mundo seguiu em direção ao paraíso social, na forma de manada estúpida.

Por outro lado, não imagino, como muitos, que consigamos reverter o processo de devastação com um retorno a religiões, nem com o humanismo ateu, nem com o multiculturalismo lixo que a pós-modernidade lançou como grife. Vejo a ação da crítica cultural como um olhar sem esperanças. Necessário porque a inteligência pede, de alguma forma, que ela possa ver o fim do mundo, sem nenhuma esperança.

A devastação geral da modernidade foi descrita de forma definitiva por T.S. Eliot no seu poema "Terra Desolada". O homem oco, sem força o suficiente para causar uma crise no mundo a sua volta, desesperado de qualquer esperança, se perde entre corredores sombrios, histórias primitivas de terror, enfim, na casa dos corações partidos. A obsessão pelo dinheiro destrói qualquer espírito. O fato de não percebermos isso já é indicativo dessa destruição.

Se a terra está devastada por aí, aqui ela é ainda mais devastada. O Brasil é um país sem futuro.

A cultura não é apenas o produto objetivo dos homens, mulheres e instituições do presente – como pensam os bárbaros. Ela é, antes de tudo, o produto dos mortos. Das almas esquecidas e dos ossos secos que povoam o passado. Um dos traços da miséria da cultura em nosso século 21 é pensá-la como o resultado da ação dos vivos apenas. Aliás, aquilo que os vivos fazem hoje nada prova que existirá amanhã, ao passo que aquilo que os mortos deixaram para nós, pelo menos até agora, passou pela prova do tempo. Tal argumento é definitivo para que reverenciemos as almas e os ossos do mundo. Guarde este parágrafo no seu coração enquanto me acompanhar entre as almas e os ossos secos.

Pergunto a você: quem saberia disso entre nossos compatriotas amantes de música ruim e de ideias saturadas de ideologias? Os ossos produzem cultura assim como a carne.

Uma das características de uma crítica cultural é ela ser, antes de tudo, inorgânica, isto é, não ser pautada por nenhum modelo de mundo a ser perseguido. Não devemos servir a nenhum senhor do tempo presente. Inorgânica como oposto à ideia de intelectual orgânico, aquele que trabalha para o partido, que pensa para uma forma de vida. O intelectual inorgânico deve cultivar a indiferença para com as necessidades do mundo. Isso nada tem a ver com insensibilidades. Aquele que segue manuais de revolucionários são os insensíveis. Inorgânico aqui significa ser o peregrino em busca de captar a ópera que é a história do mundo e dos homens.

Fazer crítica cultural no Brasil é difícil, de partida, por isso que acabei de enunciar: atitude inorgânica x atitude orgânica. Essa dificuldade é decorrente, antes de tudo, do fato que, em sendo nós uns miseráveis materialmente, estamos todo o tempo pensando e escrevendo para garantir espaços, empregos e patrocínios, numa relação de total dependência. Percamos o salário, e perderemos tudo muito rapidamente. Daí que devemos ser orgânicos não só em relação a partidos e ideologias, mas a redes de relacionamento que exigem de nós essa "organicidade" estratégica típica dos miseráveis.

A crítica cultural deve se mover além das preocupações ideológicas, num certo sentido, ela deve mesmo flertar com um niilismo metodológico de base. Para além de bem e mal, como diria Nietzsche.

Falta-nos repertório. É muito difícil pensar a cultura e o comportamento das pessoas sem repertório de partida. Uma cultura pobre é incapaz de criticar-se. E que ninguém entenda que estou preocupado aqui com cultura superior x cultura inferior. Estou mais atento ao ridículo da estupidez do que provar que existam pessoas com cultura sofisticada que poderiam ser nossos juízes. Eu quase arriscaria dizer que a crítica cultural deve partir de uma apreciação estética da vida e das coisas, e não de cara partir de uma apreciação moral ou política. Esta, então, empobrece as almas e os ossos. Onde há política prática e profissional, há pobreza semântica.

O cinema brasileiro é a cara da miséria brasileira. Panfletário, pontifica em vez de nos levar ao assombro, aquele tipo de susto que pode nos levar a gerar uma crise a nossa volta. A Argentina, mais pobre hoje do que nós, tem uma cultura de cinema infinitamente superior, que nos coloca diante da constante constatação de que não sabemos, ao final, a "lógica" geradora de solidez de uma produção cultural.

Não se trata de encarnar o complexo de vira-lata do qual falava Nelson Rodrigues, mas sim de expor suas vísceras.

O MAL-ESTAR COMO CULTURA

Dizia anteriormente da necessidade de repertório para o exercício da crítica cultural. Comecemos por Freud e seu conceito de mal-estar na cultura – ou na civilização, como na tradução brasileira. Uma cultura atenta sofre de mal-estar contínuo. Que mal-estar é esse e por que ele é um tesouro para o crítico cultural? Teria ele cura? Quais seus fundamentos e causas? Por que ele é mais atual do que fora na época do próprio Freud? Essa é fácil: assim como Freud percebeu, caminhamos desde então para uma cultura atravessada pela obsessão da felicidade e isso nos faz mentir como nunca mentimos na face da Terra. Nunca se falou tanto no mundo, e quanto mais se fala, mais se mente. Vivemos numa cultura em que a mentira é a principal produção objetiva do espírito ou da consciência, cujo método é o marketing. Voltemos ao mal-estar de Freud.

Não se trata mais de falar em mal-estar na cultura, mas sim de mal-estar como cultura. Hoje, o mal-estar é a substância da cultura, daí, todo o grau de ridículo e desespero que se traveste de alegria mórbida por todo lado. Se a repressão do desejo se faz necessária para sermos civilizados e produzirmos cultura, como disse Freud, agora, em pleno século 21, já afirmamos que a felicidade é a pedra de toque da vida, não há como a cultura não ser feita de mal-estar. Dito de outra forma: o produto objetivo do nosso espírito é o mal-estar, por isso, há que mentir, mentir sempre e da forma mais disciplinada possível. Que contratem especialistas para que mintamos da maneira mais bem-sucedida, como tudo mais ao nosso redor. Que retiros espirituais sejam feitos no Tibete para nos ensinar do modo mais profundo possível a ser grandes mentirosos. Da espiritualidade podre para consumo ao marketing infeliz, que mintamos na alma e nos ossos.

O fato é que, se a lógica metafísica nos diz que nossa felicidade não faz parte dos planos da Criação, como diz Freud, essa realidade nos é psicologicamente insuportável. E, quando ficamos sós como homens modernos, tudo ficou ainda mais insuportável. Não há como o produto objetivo do nosso espírito não ser o mal-estar.

Enquanto tínhamos a segurança de demônios a nos perseguir e deuses a nos proteger, esse desamparo essencial humano, como diz Freud, acolhia nossa psicologia doente. À medida que o mundo empobreceu de demônios e deuses – o monoteísmo é um caso grave de falência do panteão divino –, nos sobrou a busca pela saúde mental como cultura. O espírito tornou-se escravo do mercado da saúde mental e seus *players*.

Se o mal-estar é a substância da cultura, o espírito é imerso nesse mal-estar que busca objetivação nos seus produtos. Resultado: tudo está atravessado pelo combate a esse mal-estar. A educação, a política, a gestão corporativa em RH, a paternidade e maternidade, o mercado de trabalho, a ciência, todos servem ao mal-estar – sendo que esta última, a ciência, ainda que use salto alto e saia justa, permanece escrava desse mesmo mal-estar.

O clímax será o lançamento da ideia de autoconhecimento como saída da condição de cultura como mal-estar. A cultura do autoconhecimento, exemplo da espiritualidade podre que nos cerca, e que busca se vender como descendente das distintas formas de monaquismo ocidental e oriental, é uma cilada. A única vida reta possível numa cultura que é mal-estar é dar voz à infelicidade como última forma de virtude.

SÓ OS DEMÔNIOS PODEM NOS SALVAR

UM DOS PRODUTOS OBJETIVOS MAIS SEDUTORES DO ESPÍRITO CONTEMPORÂNEO é a busca do autoconhecimento como rota de cura. Essa rota se oferece como descendente do monaquismo ocidental e oriental e das peregrinações espirituais clássicas. A questão é: seria o autoconhecimento contemporâneo, de fato, um herdeiro da cultura monástica? Vejamos o que esta foi e é na verdade. Esqueça seus manuais e livros baratos sobre autoconhecimento e se aproxime dos demônios que habitam em você. Essa é a rota verdadeira. Eles são seus guias mais sinceros. A cultura de bactérias contemporânea não sobreviveria à consciência dos demônios que habitam o fundo do nosso espírito. E neste mundo, a honestidade depende deles.

A ideia de autoconhecimento, para muitos, nasce no oráculo de Delfos, na Grécia antiga, com o famoso "conhece a ti mesmo", que estaria escrito na entrada. Não acho que a ideia de autoconhecimento que circula por nosso tempo seja descendente do oráculo de Delfos. Ali, antes de tudo, tratava-se de marcar a diferença entre os deuses e os mortais. "Conhece a ti mesmo" implicava a consciência da finitude que tanto atormentava os gregos e os fazia ser uma "cultura infeliz"; não à toa, criaram a tragédia. Mas, pensando bem, haveria alguma "cultura feliz"?

Seguindo Freud, penso que dificilmente haveria. Não que não exista alegria como produção objetiva da consciência humana ou do seu espírito. Mas, temo, que a nossa seja a primeira cultura na história que quer ver a si mesma como uma cultura da felicidade, e isso, claro, implica em ser, ela mesma, uma cultura do mal-estar causado por essa mentira.

Mas voltemos ao autoconhecimento. Como disse, suspeito que a melhor hipótese para pensarmos a gênese do conceito de autoconhecimento seja a literatura monástica do cristianismo antigo, medieval e moderno – "*early modern*", como se diz em inglês. Claro que deve haver algo semelhante no monaquismo das religiões não monoteístas semitas, mas nada entendo da cultura oriental, portanto, me calo a esse respeito.

Um elemento-chave da busca de Deus no monaquismo cristão desde a origem no Egito dos primeiros séculos da era cristã foi o enfrentamento de si mesmo. O monge queria ser uma testemunha de Deus, isso era o que ele buscava ser. Ir para o deserto em busca da solidão do ermitão ou em grupo, os cenobitas, era um modo de fugir da cidade pecadora e ir em direção ao desapego pleno a fim de poder "ver Deus". Nesse processo de despojamento das camadas que impedem a visão divina, o monge iria enfrentar a si mesmo. Ouvir vozes, ver visões assustadoras, passar fome, sede, sentir um medo avassalador, correr risco de morte, sentir o abandono e desamparo quando somos desnudados de todos os elementos culturais e técnicos que nos cercam. Era essa a passagem estreita através do sofrimento. Essas vozes e visões eram compreendidas como o enfretamento dos próprios demônios que habitavam sua alma.

Se pensarmos em termos contemporâneos e seculares, esses demônios nada mais eram do que os medos e tormentos psicológicos dos próprios monges. Ainda assim, retirada a substância metafísica espiritual do drama encenado, permanece o caráter "negativo" da experiencia de enfrentar um si mesmo habitado por contradições terríveis e sem nenhuma garantia de que a felicidade estaria no final do processo. É esse vínculo que a ideia de autoconhecimento para consumo rompe. E, ao romper, ela vende a hipótese falsa de que autoconhecimento é igual a sucesso. Aqui, a psicanálise corre grande risco de perder consistência quando abraça formas clínicas orgânicas

– "orgânicas" no sentido descrito acima de pensar para uma ideologia ou uma forma salvadora da vida – ou políticas, como no caso de "psicanalistas progressistas". As terapias comportamentais, por outro lado, embarcam facilmente na esfera motivacional e tem largo sucesso em formas "corporativas" a serviço do autoconhecimento a serviço do sucesso na carreira e na vida.

Mentira: mesmo que retiremos da equação a ideia das grandes contradições da natureza humana e fiquemos nos limites de uma experiencia subjetiva completamente individual – se é que isso existe de fato –, ainda assim, uma viagem para dentro de si mesmo pode levar você a descobrir que você é uma pessoa má, insuportável, ressentida, invejosa. O truque é excluir esses atributos da sua própria subjetividade e vender a ideia de que seus atributos serão sempre positivos e "construtivos".

Outro problema com a ideia de autoconhecimento para consumo é o simples fato de que esse "eu" que busca conhecer a si mesmo talvez não exista de fato, que seja uma mera construção cultural frágil, ela mesma para consumo. De invenção poética romântica a comercial de banco, eis o trajeto da ilusão do eu consigo mesmo. E se isso for verdade, a experiência de autoconhecimento para consumo está já limitada à condição de alienação instrumental típica da nossa época: tudo é meio para atingir um fim que é outro. No limite, seria uma peregrinação para o nada. Assim como o "caminho de Santiago", hoje, é uma peregrinação de consumo turístico, assim também a cura através desse autoconhecimento para consumo é uma das máximas da nossa cultura sem o peso dos ossos e das almas. Só os demônios poderão nos salvar.

A PERSEGUIÇÃO A PAULADAS PELAS RUAS

Podemos dizer que nossa cultura dá valor positivo à autenticidade, essa herança romântica? Sim e não. Sem dúvida, o discurso a favor da autenticidade aparece na produção audiovisual, normalmente, de baixa qualidade e *teenager*, e no universo da psicologia e das psicoterapias. A ideia de autenticidade, profundamente romântica, aparecerá mesmo como uma forma de cura ou saúde. A priori, diria que, nesse século 21, deveríamos suspeitar sempre de qualquer "cultura da saúde". Não é possível acessarmos essa autenticidade romântica porque o romantismo hoje está confinado a um comercial de banco.

A psicologia é, ela mesma, filha do Romantismo, mas eu arriscaria dizer que tudo que tem a marca do século 21, esse século da transição à plena loucura da espécie, não tem densidade o bastante para ver a autenticidade como os desesperados românticos a viam. No Romantismo, cujo epicentro foi a segunda metade do século 18 e o século 19, a autenticidade podia ser vivida como a morte. Tratava-se de uma batalha sem futuro contra um mundo transformado em *business*. Os românticos eram um batalhão de melancólicos. A autenticidade era a idealização de que morrer pelo coração significava não se vender à racionalidade do dinheiro.

Hoje, "*follow your heart*" nada mais é do que uma máxima do *coaching*. Entre nós, autenticidade é vista como uma pose qualquer dentro da volatilidade de tudo que hoje brilha diante dos nossos olhos perfurados pela baba do sucesso. Autenticidade hoje posa para o Instagram.

Como estilo de comportamento, permanece valendo. A cultura contemporânea não entende nada que não seja falso. Chegamos a uma prova reversa de que há alguma verdade que paira no mundo: este espectro de verdade é aquilo que escapa a nossa cultura em todos os seus níveis, principalmente no que tange às modas de comportamento, aos *statements*, às causas sociais. O velho marketing se envergonha diante do que seu descendente: o marketing do século 21 se transformou numa mentira como método científico de vida.

A cultura contemporânea persegue nas ruas e nos becos qualquer possível espectro de verdade, para humilhá-lo, assim como Nelson Rodrigues dizia que um dia perseguiríamos o amor entre um homem e uma mulher a pauladas pelas ruas.

O SURTO DO PROGRESSO

Tenho certeza de que o que garantiu a sobrevivência da espécie humana até hoje foi a pressão do meio ambiente sobre nós. A partir do momento em que avançamos no progresso, a crescente autonomia que conseguimos pouco a pouco revela nossa condição de espécie louca. Por isso, toda a experiência moderna é um surto psicótico.

Uma cultura gerada por um surto tende a ter consciência zero das consequências do que faz. O culto ao *off limits* – sem limites – revela nossa vocação à extinção cega.

No Brasil, tudo é pior porque a diversidade é mínima devido à pobreza. Qualquer tentativa de trazer à consciência seus produtos inconscientes da loucura têm pouca ou nenhuma chance de vingar.

Nosso problema com a modernidade não é que ela não aconteceu aqui ou que ela é uma "modernidade conservadora", como dizem os chiques, mas sim que aqui nossa adesão aos elementos destrutivos da modernização é absoluta. O estado moderno aqui – assim como em outros lugares semelhantes – é absolutamente perverso no seu exercício do poder legítimo da violência. O crescimento do poder descabido do Judiciário neste século 21 é avassalador: enquanto se canta em prosa e verso que o país não seria um país sem lei, o próprio Poder Judiciário prova o contrário seguindo a velha máxima "aos amigos, tudo, aos inimigos, a lei".

Para além desse detalhe nacional, não vejo saída do surto que é a modernidade, pelo simples fato de que seus sucessos justificam sua loucura. Não somos uma espécie adaptada ao sucesso, mas sim ao sofrimento. As consequências desse fato ainda não receberam a devida atenção dos especialistas em nosso sucesso.

O RETORNO DA HISTERIA: O ATÁVICO HORROR AO SEXO

NINGUÉM IMAGINARIA QUE EM PLENO SÉCULO 21 A HISTERIA RETORNASSE DO REPRIMIDO. Grande estrela no nascimento da psicanálise, hoje a conversão histérica colonizou a linguagem. O horror ao sexo e sua diferença estrutural causa pânico e punições em larga escala para aqueles que ousarem apontá-la como fato irredutível. Até mesmo muitos dos praticantes profissionais da psicanálise desertaram do diagnóstico da nova forma de conversão histérica que caminha por nossas ruas, enche nossas salas de aula, produzem conteúdo em nossas produtoras de audiovisual, enfim, que atormentam a cabeça das crianças nas escolas com seus experimentos de gênero.

A cultura contemporânea em que vive você e eu tem horror ao sexo, apesar dos discursos influenciados pela contracultura parecer que não. Eis um dos seus sintomas: encobertar o insuportável. Homens e mulheres são diferentes e irredutíveis um ao outro, mesmo que isso seja um problema para a igualdade perante a lei e o Estado de Direito.

Quanto mais se multiplica o horror ao sexo, mais gêneros fabricam um novo alfabeto, que, por sua vez, gera um analfabetismo sexual nos mais jovens. Quem ousar pôr em dúvida a veracidade dessa nova ciência, pagará com a liberdade, o emprego, o patrocínio.

Nesse sentido, ninguém imaginou que um dia uma das famosas histerias da época de Freud alçasse a condição de inquisidor. Esse é o fato radicalmente novo da nova forma de conversão histérica que conhecemos: hoje, a histeria se fez lei e norma. Desse modo, vemos que o sexo continua dando errado como sempre deu, principalmente depois que foi "elevado" à categoria de racionalidade e agente democrático. A histeria emancipada causará um enorme estrago numa espécie já louca por natureza.

O GOZO COM A CENSURA

Um dos traços da cultura brasileira do século 21 é o gozo com a censura. Diria orgasmos múltiplos. A censura do século 21 é líquida, diria eu inspirado em Bauman. Ela opera dentro do Estado de Direito, e isso faz dela muito difícil de ser percebida. Só a percebe quem sente sua pesada bota sobre seu pescoço. Chega até você com a "legitimidade" da democracia e da defesa do bem público – neste caso, como sempre foi o caso da censura, uma atividade em prol do bem público. A novidade radical hoje é a censura vir com a fantasia de ser uma defesa da democracia.

Como funciona uma cultura de censura líquida? Antes de tudo, ela não tem uma repartição pública onde os censores trabalham e vão almoçar no meio do expediente. Não há mais necessidade de tal visibilidade. A sociedade, através das suas mais diversas instituições, sejam elas do Estado, do mercado ou da sociedade civil – como associações de profissionais liberais ou de empresas – exerce a censura de forma praticamente invisível. Uma inegável vantagem enorme se comparada com a repartição pública da censura no passado. A censura sólida. Esta nossa é líquida.

Alguém, ou uma instituição, pode acabar com você, deixar você pobre, inviabilizar sua vida, com um clique. O gosto da denúncia marca essa forma de cultura. As autoridades judiciais enchem o peito de pombo e soltam pérolas solenes, enquanto destroem outras formas de produção objetiva do espírito que não seja parte da máfia da qual fazem parte.

O *branding* é uma das ferramentas da cultura do gozo com a censura. Sob o risco de perder a imagem, qualquer marca sacrificará qualquer mínimo suspeito no tribunal do linchamento social.

A marca dessa forma de cultura é a esterilidade, como é o caso em toda sociedade em que a censura se transforma num trunfo cultural, sob as palmas dos idiotas da inteligência. Talvez a IA salve a inteligência publica neste século ridículo.

EMPREENDEDORES DA SAÚDE MENTAL

A CULTURA DA SAÚDE MENTAL É UMA PLATITUDE HOJE, assim como o seu mercado. O alargamento do espectro de diagnósticos é a ferramenta que coloniza o novo mundo com a marca de que todos temos um diagnóstico, principalmente os mais jovens. Ninguém sobreviverá aos agentes do mercado da saúde. Quem escapar será processado por capacitismo.

Todavia, o alcance do processo atinge alturas inimagináveis quando a saúde mental se transforma em objeto do empreendedorismo. Não mais profissionais da cura, do adiamento do pior, dos cuidados pedagógicos preventivos. Agora é a vez do espírito empreendedor assumir seu lugar de desbravador – como sempre – de novas fronteiras das identidades que compõem o campo da diversidade psíquica.

Não podemos prever de forma científica – a "forma científica" é essencial para o empreendedorismo psi – quais novos diagnósticos e espectros surgirão até o final deste século, mas podemos imaginar a aceleração da curva ascendente das estatísticas que cobrirão como uma manta o mundo da vida da alma abatida pelo fogo dos novos mercados e *players* a serem constituídos pela identidade do empreendedor da saúde mental. O profissional que poderá ter a formação acadêmica que for, mas será, antes de tudo, um gestor de marketing, antes de tudo digital.

Se desde o início deste século, o século da saúde mental, o vocabulário da área inundou a mídia, a escola, o esporte, a política, o Judiciário e, quem sabe, a futura diplomacia e geopolítica, é chegada a hora dessa inundação se constituir numa instituição que terá seu lugar de destaque no PIB nacional e internacional. Dos velhos profissionais de saúde de consultórios, as agências de investimento, aos índices de cálculos de crescimento, finalmente, a vida mental terá atingido a condição de objeto da ciência econômica e da matemática financeira. Agora, sua condição de ciência será plena.

DE QUE FORMA O MITO DO PROGRESSO RESPIRA EM NÓS?

Somos todos submetidos à cultura do progresso que emergiu de forma mais clara na filosofia de Auguste Comte, filósofo francês do século 19. Ainda que hoje seja considerado menor entre os filósofos, uma espécie de iluminista delirante tardio que quis fundar a igreja positivista – da qual ele seria o papa –, objeto mesmo de chacota acadêmica, seria bom lembrar que essa igreja positivista seria a igreja da religião da humanidade, e, por aqui, pode ficar claro o quanto nosso mundo permanece positivista – com sua crença no progresso da humanidade – e, por isso mesmo, ridículo. Somos mais herdeiros de Comte do que gostaríamos.

A religião da humanidade atravessa praticamente todos os territórios da cultura contemporânea.

Na educação, um dos focos de atenção de Comte, o positivismo é evidente. A crença de que atingimos o estágio em que a chegada das crianças e dos jovens à informação escolar implicará na formação de melhores cidadãos, pessoas mais inteligentes e com capacidade decisória avançada, por oposição a quem não faz esse "processo", é tipicamente positivista.

A ideia essencial do positivismo, desidratado de seus traços do século 19, é crer que há nos homens e mulheres um processo de evolução dado a se realizar numa humanidade que se transforma numa deusa racional e prática. Esse processo, por exemplo, está na crença absoluta de que tudo que não é ciência não é saber. E de que todo conhecimento científico é em si bem-vindo.

Essa crença se manifesta no entendimento vago do senso comum de que um progresso de fundo avança a cada dia e que o amanhã será sempre melhor do que o passado.

Suspeito que grande parte disso se dá pela confusão entre o fato inquestionável de que a vida sem tecnologia é mais precária com a conclusão falsa de que a superação local dessa precariedade pela vida tecnológica implica no achado de um tesouro que se desdobrará necessariamente à medida que os jovens de amanhã forem sempre melhores do que os de hoje. O culto do jovem é um dado evidente dessa cultura positivista escondida no fundo de nosso coração cego.

Outro traço, aparentemente imperceptível, é a inteligência positiva como inteligência "em forma" – no sentido de magra – por conta de ter abdicado de questões acerca do absoluto – que, por definição, engordam a alma. "Porquês" são abandonados em favor de "comos". Isto é, o que importa são os modos de produzir as coisas e os entes do mundo, conhecer suas leis e replicá-las a fim de tornar o mundo "nosso lar", feito a nossa semelhança, como dizia uma velha propaganda de carro que anunciava a era do "*design around you*". A inteligência positiva no século 21 faz do mundo a nossa face. Pouco importam as queixas ambientalistas, o que está em jogo é moldar o ser a partir de nosso desejo de ser essencial.

Sei. Dirão ser tudo isso complexo demais para uma mente comum. Mas o que caracteriza uma mente comum em nosso tempo é não se saber comum. Portanto, se você não entendeu nada do parágrafo anterior, saiba que foi proposital. Escrito a fim de lhe mostrar sua ignorância sobre si mesmo. Tenha paciência. Se você quiser mesmo entender como funciona nossa cultura contemporânea, terá que começar por aprender a descrer em si mesmo e nos seus potenciais.

A INÉRCIA BASAL DA INVEJA DO FALO

VOCÊ CONHECE CONCEITO MAIS DEMODÊ DO QUE "INVEJA DO FALO"? Mas sempre duvide do que é considerado fora de moda porque em um mundo em que o pensamento é ditado pelas modas de pensamento, ser fora de moda é uma forma de sanidade.

Infelizmente, há uma inércia basal na inveja do falo. Assim como a pulsão se repete, segundo Freud, a inveja do falo é atávica e, tememos, eterna.

O feminismo se constituiu numa das melhores formas de reafirmação do conceito de inveja do falo. Para a infelicidade das feministas dedicadas a declarar a morte do homem, a inveja do falo determina grande parte da produção de cultura do espírito do nosso tempo.

A fúria com a qual o feminismo avança sobre tudo que não caiba nos mitos que ele gera é passível de ser desenhado para quem não sabe ler. A tentativa de criar um ser puro na mulher e, em contrapartida, declarar a impureza intratável do homem – a ideia de que o homem sofra de masculinidade tóxica até ele aceitar que o modelo ideal de ser humano seja a mulher perfeita que não existe, mas que habita a mente furiosa do ressentimento das feministas – salta aos olhos. Entretanto, essa dicotomia militante hoje parasita todos os níveis da cultura, seja ela baixa ou alta. Teses, *talkshows*, *podcasts*, discursos políticos, maternidades, escolas, igrejas, narcotráfico progressista (risadas?), escolas de crianças e adolescentes, por toda parte só se ouve o grito raivoso do feminismo determinando uma nova cosmologia. Mesmos as estrelas serão submissas ao ódio dos seus parceiros de gênero masculino, os astros – em idiomas em que há gêneros para coisas. Mesmo o mundo dos animais será atingido, em que a castração dos machos será vista como forma de defesa das fêmeas contra a masculinidade tóxica dos animais.

Não há, a rigor, qualquer razão para se sentir inveja do falo. Esse sempre foi um peso do qual nenhum homem decente jamais deixou de sentir ao longo da vida. O feminismo, com suas mentiras organizadas, apenas negou que o falo seja um peso e o vê como trunfo. Mas, ao mesmo tempo, jamais recusou que esse seja um peso característico da condição masculina que só pode ser resolvido fazendo dos homens mulheres. Preferiu descrevê-lo como um privilégio. Como mostra a produção cultural neste século, as feministas adoram brincar de terem esse peso dos homens nas telas, mas, na realidade, sempre correm para o lugar da vulnerabilidade quando a coisa aperta de fato.

O século 21 já é uma catástrofe afetiva entre homens e mulheres. Apenas a vida homoafetiva será considerada justa. Vemos assim a inércia basal da inveja do falo se repetir, desdobrando-se em consequências de caráter histórico específico e possivelmente danoso.

APROFUNDANDO A VERDADEIRA ALMA DA MODERNIDADE: A POLÍTICA COMO SURTO

OS ROMÂNTICOS TINHAM RAZÃO: a modernidade foi um grande erro. Não porque o passado fora melhor, mas porque nunca houve futuro para uma espécie, que à diferença das outras, sofre de uma desordem estrutural que podemos chamar de metafísica. A inquietação metafísica humana, que, com a modernidade, assumiu ares de método e ciência, ganhou a credencial de obsessão organizada.

Um dos territórios em que o surto moderno se radicalizou foi a política. Hoje, a política chega mesmo a projetos de mercado em que os *pets* devem aprender a ser cidadãos. A contaminação de tudo pela política, típica da democracia, como vaticinou, como uma Cassandra, Tocqueville no século 19, gera uma violência em escala nas relações. Todo mundo tem agendas e metas políticas nas suas relações. A sociedade se tornou uma bomba relógio. Alguém dirá: e era melhor antes? Pergunta contínua dos modernos crentes. Não, nunca foi bom. Apenas o fato que a espécie vivia sob pressão do meio externo, suas taras ficavam sob controle. Com a autonomia moderna, suas taras se tornaram pautas de doutorados e juízes supremos.

A tão cantada liberdade moderna, lentamente, se extingue nos modos de controle disfarçados do bem público. A crença de que essa violência é racional e para o bem é a marca do surto, não a violência em si, que é estrutural nas relações sociais e naturais.

Sem entrar no mérito que seria, supostamente, maravilhoso que todos fossem iguais e felizes, a questão é que o gozo do processo está na violência disseminada que ele causa, elegendo aqueles que agora têm o direito de destruir os outros em nome de uma retribuição histórica que nunca acabará nem será suficiente. Fossem confessos na sua intenção meramente de violência e submissão dos seus inimigos, isso implicaria na consciência de que nunca foram melhores do que os outros.

O traço marcante do surto moderno na política é, justamente, o discurso de que sempre há uma violência do bem em nome do bem, quando o que há, na verdade, são sempre elementos de uma espécie alimentada no ressentimento descarregando este mesmo ressentimento sobre os outros. O ódio é o afeto político por excelência, nunca foi o amor ou a compaixão.

A CONDIÇÃO PARANOIDE DA CULTURA

A CRENÇA DE QUE QUANTO MAIS INFORMAÇÃO, mais "consciência crítica" teremos é parte da teia de fetiches que alimenta o equívoco básico de nossa espécie consigo mesma. Os jornalistas e educadores vivem mergulhados nesse fetiche. Não há nenhuma relação necessária de causa e efeito entre informação e "consciência crítica", o que parece sim existir é uma relação crescente de causa e efeito entre informação – e conhecimento – e paranoia, aliás, como já suspeitava o velho Freud.

Veja os pais e as escolas, sujeitos submetidos a essa forma de paranoia que implica a segurança das crianças – no caso das escolas, antes de tudo, pelo pavor de processos. As relações entre pais e escolas só piora porque esse convívio é pautado pela confiança, artigo em extinção numa sociedade paranoica em que a criança está no centro do surto. Uma das formas de evitá-la é eliminar as crianças antes que elas nasçam, como tem sido a prática em muitos grupos sociais mais ricos.

Por vezes, tendo a suspeitar que a confiança é função do não acesso à informação. Bem ao contrário do que reza nosso mito do progresso: quanto mais sei, mas difícil é para mim confiar. Esses que creem no mito do progresso esquecem que, na filosofia, quem mais conhece, quem mais compara teorias, quem mantém a cognição mais livre de cargas ideológicas explícitas ou implícitas, acaba cético.

Portanto, um dos efeitos do aumento de informação é a paranoia que destrói a possibilidade de confiança. E isso não vai melhorar. Que ninguém se iluda.

A ampliação da rede de conteúdo trazida pelas mídias sociais só piora esse processo. Apesar de que, nesse caso, a qualidade da informação pouco importa no seu efeito paranoide – jornal de credibilidade ou *site fake*, dá na mesma do ponto de vista de uma cultura paranoide. A exposição a inúmeros conteúdos contraditórios amplia a falha na confiança no mundo. Outro mito é de que quanto mais opiniões, melhor a consciência da realidade. Até pode acontecer essa melhoria – mas por qual régua a medimos? –, mas, ao lado dela, virá a desorientação típica de quem crê que consegue lidar com a contradição facilmente. O aumento do volume de conteúdo piora a ansiedade, só isso. Uma das causas de uma cultura ansiosa como a nossa é ser ela baseada, em grande parte, no mito do bem-estar existencial a partir do aumento de informação.

Minha suspeita é que o componente paranoico da nossa cultura é definitivo porque está intimamente associado à ampliação das fontes e da reflexão. A luz da razão nos cega e gera ansiedade, e não uma melhor qualidade de vida, como se vende por aí. A questão é que não há opção. O surto da espécie já se constitui numa realidade paralela a habitar o mundo. Só podemos pensar nele de dentro dele, assim como antes eu disse que só podemos criticar a cultura a partir dela mesma.

A VOCAÇÃO NATURAL DA DEMOCRACIA AOS IDIOTAS

É POSSÍVEL A DEMOCRACIA GERAR EFEITOS COLATERAIS INDESEJADOS? Sim, e vivemos alguns desses feitos colaterais indesejados hoje. Na democracia, a vocação aos idiotas é estrutural. E nada disso implica uma defesa de regimes não democráticos – não navegamos por águas em que argumentos escondem uma agenda transformadora. Não tenho nenhuma esperança no mundo, trata-se somente de uma questão de tempo até nossa psicose estrutural armada pelos avanços da modernidade levar a cabo tudo que existe.

Disse Pascal no século 17: "Nada mais típico da razão do que reconhecer seus próprios limites". Seria possível dizer o mesmo da democracia: sim, conhecer seus limites operacionais é uma defesa de si mesma. A preferência pelos idiotas é um risco eterno da democracia. A tendência natural da democracia é escolher os idiotas como seus cidadãos mais queridos. E, cada vez mais, os mais ativos nas redes.

Numa democracia, estamos num regime de quantidades. O próprio modo de atribuição da soberania é o modo quantitativo. Qualidades não são a substância da democracia. E cada vez isso fica mais claro para quem tem olhos para ver e não mente.

O procedimento de atribuição da soberania na democracia é organizar instituições que legitimam uma competição por votos. Quem vence, manda. Logo, a democracia depende estruturalmente de trazer os idiotas para si porque eles são maioria. Daí vem a paixão da democracia e sua forma de soberania baseada em quantidades, pelos idiotas.

O efeito disso a médio prazo já se sente: o empoderamento – palavra ridícula – de uma quantidade imensa de imbecis a opinar e a influenciar os rumos das sociedades. E não há saída no horizonte. Combater a imbecilidade da democracia é enxugar gelo.

Alguém dirá, com razão, que essas palavras acima contra a "cultura democrática" são típicas de uma sensibilidade elitista ou aristocrática. Há, entretanto, um equívoco basal nesse argumento. E ele pode ser "desenhado" da seguinte forma: quem disse que "as elites" não fazem parte desse enxame de idiotas que compõem o comportamento, as ideias e o consumo nesse mundo democrático contemporâneo? Mesmo a tendência crescente de se ofender com tudo é traço dessa cultura de idiotas. Por quê? Porque o vínculo basal entre democracia e esse número crescente de imbecis ruidosos é o afeto mais comum na humanidade, a saber, o ressentimento. A democracia despertou o ressentimento, e este ganhou o mundo. A política, em geral, se alimenta de afetos negativos. O ressentimento é o afeto negativo que inunda a soberania na democracia.

A CULTURA JUDICIÁRIA A SERVIÇO DO SILÊNCIO

É urgente percebermos que o Poder Judiciário tem vocação à ação totalitária no contexto social e político quando não encontra freios e contrapesos ao seu exercício da lei. E é exatamente isso que temos vivido a passos largos no Brasil nos últimos anos. Pelo fato de seus órgãos supremos terem feito um papel importante na preservação das instituições do Estado de Direito contra o ataque dos idiotas de direita, não se justifica a hipertrofia da sua ação de modo contínuo como temos visto.

Veja bem. Quando um juiz ou um promotor se põe a analisar frases de um texto ou trechos falados numa peça audiovisual a fim de buscar ali elementos ilícitos – tanto faz quanto "legal", nos dois sentidos da palavra em português brasileiro, é a causa por trás desse ato –, ele se iguala aos velhos inquisidores.

Inacreditável como agentes desse poder fazem isso sem nenhuma percepção de que seu comportamento é censor, logo, promovem o silêncio da inteligência pública. No Brasil de hoje, mesmo setores da própria inteligência pública – jornalistas, publicitários, professores, intelectuais – aplaudem de pé esse movimento em direção ao constrangimento da inteligência.

Como disse o escritor soviético Isaac Babel no seu discurso no primeiro congresso de escritores soviéticos em 1934, quando não temos o direito de escrever mal ou de desagradar o leitor, não conseguimos escrever bem ou mesmo escrever qualquer coisa. Essa máxima, dita no início do stalinismo absoluto, custou a vida de Babel. Mas, como se vê, as sociedades e os seres humanos não aprendem nada com a história, apenas repetem *ad aeternum* seu gozo natural pela censura e pela destruição de quem não concordamos.

Há uma causa profunda para essa hipertrofia patológica do Poder Judiciário em democracias contemporâneas. As sociedades contemporâneas são entidades fora de controle, daí nossa cultura ser a cultura de surtados. A modernidade é um surto psicótico ainda funcional.

Os poderes Legislativo e Executivo estão aquém da pressa e das contradições urgentes que existem na sociedade contemporânea. Principalmente o Legislativo, que tem como natureza a lentidão, justamente para dar o tempo necessário para as complexas combinações relacionais representadas na Câmara e no Senado se acomodarem. Nesse cenário, a judicialização de tudo segue a tendência de pressa e contencioso de uma sociedade que se detesta. Os cidadãos querem beber o sangue uns dos outros.

Nesse sentido, só deve piorar a cultura jurídica do silêncio. Reprimindo o pensamento público, o Poder Judiciário só tem a ganhar porque ele se transforma na única instância de pensamento livre na sociedade, destruindo qualquer oposição ao seu reino absoluto.

O constrangimento jurídico do mundo é uma catástrofe no horizonte presente e que perfaz em países como o Brasil, onde há um Judiciário fora de controle, uma tendência a uma cultura judiciária como forma de contrato social. E a manada de idiotas que não enxergam um palmo adiante dos seus narizes, que deviam fugir por aí como o protagonista que perde o seu nariz em "Nariz", o conto de Gógol, bate palmas.

UMA CULTURA A SERVIÇO DO DESAMPARO MUDO

A CONTAMINAÇÃO PELO COMPONENTE AUTOAJUDA OU MOTIVACIONAL do pensamento público já data do século 20. Hoje, ele avançou ainda mais graças aos conteúdos das redes sociais. Não acredito mais, como um dia acreditei, numa vitória possível sobre esse fenômeno. Um tijolo a mais na minha clássica desesperança.

Agora esse componente contamina mesmo a "alta" cultura, seja ela ideologicamente de esquerda, seja ela liberal – no sentido que falamos no Brasil: defesa de mercado e Estado mínimo – seja ela sem nenhum viés político. E isso por, pelo menos, dois motivos. O primeiro é o avanço da mercadoria – como dizia Adorno – em territórios em que antes ela não ditava as categorias de operação. Hoje, a mercantilização chegou ao conceito. A produção de conceitos hoje toca o gesto e a matriz que gera pensamento público. Não há pensamento sem seu marketing respectivo. Todos querem vencer nesse mercado. E o surgimento de crescimento das redes só aprofundou esse fenômeno da miséria contemporânea.

Não vejo qualquer solução para essa miséria da cultura. A medida em que não muda os meios e o modo de produção de tudo, inclusive da inteligência pública, não há razão para se supor qualquer mudança na inteligência pública como produto objetivo desse espírito do nosso tempo.

O segundo é o fato de que a atividade da linguagem conhecida como pensamento de "alta" cultura, ou inteligência pública sofisticada, sempre foi uma exceção na experiência de adaptação da espécie. Não "evoluímos" para a fala e a linguagem "para" pensarmos de modo sofisticado. Esse modo de pensamento, provavelmente, se deu como um desvio indesejado em nossa pré-história fundante. Só os doentes pensam de fato. Daí decorre que o pensamento contaminado pela autoajuda ou pelo motivacional é a norma porque ele emudece o desamparo que estrutura nossa condição humana desde sempre. Sendo condicionados por esse insuportável desamparo, aprendemos a emudecê-lo das mais diversas formas, sejam religiosas – muito mais interessantes e sofisticadas do que o mercado motivacional –, sejam seculares e vocacionadas ao ambiente corporativo da produção industrial de comportamento contemporâneo.

Sendo assim, hoje, quando vejo esse movimento da miséria do pensamento a serviço do silêncio do desamparo, entendo cada vez mais sua raiz. São inúmeros os desdobramentos da condição humana que nos obriga a cair no abismo da inteligência submetida ao silêncio do desamparo. É praticamente impossível suportar o ruído ontológico desse desamparo nos seus mínimos detalhes cotidianos. A miséria humana, assim como Deus e o Diabo, está no detalhe.

A MORAL MÍNIMA ESTÁ MORTA

Nunca se mentiu tanto no mundo como em nossa época. Aos poucos, ninguém mais acredita em ninguém porque todo mundo está no modo marketing de ser automático. A característica instrumental desse modo é que tudo é meio para se atingir um fim. A razão instrumental – que se define pelo que eu acabei de dizer – tem vocação à mentira como método porque ela transforma tudo em meio para um fim que nunca é você. Tudo nela enxerga funções a sua volta. Impossível sobreviver e manter a sanidade moral mínima num ambiente como esse.

O que é uma moral mínima? É um núcleo último de valores ou virtudes que impede a instalação da mentira como modo absoluto de organização social. Como vivemos dentro dessa cultura da mentira como método, não enxergamos mais ela como disfunção ontológica social. Um traço estrutural da cultura – seja ela qual for – é que ela funciona como um aquário em que vivemos imersos na água sem enxergá-la propriamente.

Alguém pode perguntar se em algum momento da história existiu essa moral mínima – ou, muito menos, uma moral máxima e robusta. A questão é consistente. Essa moral poderia ser função da noção pública da vergonha, moral típica das sociedades antigas como Grécia e Roma. Podemos pensar na moral baseada na culpa, que no Ocidente foi criada pelo cristianismo. Aliás, as religiões em geral sempre foram matrizes de alguma forma de moral. O traço moderno por excelência foi criar uma utopia da moral racional – típica de autores como Kant no século 18. Ou uma política moral racional. O fracasso é evidente. Mas, a rigor, nunca houve um paraíso moral.

Uma diferença importante entre essas propostas e realidades históricas e a nossa era contemporânea é que agora a mentira se fez autônoma, e num espaço onde a mentira cria o ser social, psíquico, político e imaginário, não é possível existir a gravidade – em ambos os sentidos da palavra – como realidade. Uma moral é sempre uma forma de gravidade. O ambiente em que se move o mundo em que vivemos só pode ser cínico. O cinismo não respira onde há gravidade.

Um dos ambientes onde essa mutação comportamental e cultural se revela de forma clara é o ambiente corporativo. A partir do momento em que se criou a noção de passivo ético, os "valores" passaram a fazer parte da marca – passivo ético não é só passivo jurídico, é também passivo de *branding*. E tudo que é marketing ou *branding* é falso.

A cultura corporativa respira a mentira como método. "Os valores" da empresa são exemplos de fetiches morais sem nenhum valor a não ser o de fazer marketing. Isso não significa que não seja "pra valer"; vale, mas não moralmente. Se extrapolarmos esses fenômenos para outros territórios, levando em conta que a cultura do marketing digital envolve todas as vidas, o tempo inteiro, veremos que nem uma moral mínima sobrevive num ambiente em que o objetivo último é fazer negócios.

Portanto, não há valor algum na cultura moral contemporânea, só dinheiro e seus predicados próximos, ou suas condições de possibilidade de existência, tais como eficácia, produtividade, sucesso, metas, métricas. Nenhum deles carrega em si a gravidade de um drama moral. São cristalinos como uma tempestade de gelo em que tudo desliza para sempre enquanto ela durar.

A FALÁCIA DA EDUCAÇÃO

UM DOS ASPECTOS MAIS MISERÁVEIS DA CULTURA CONTEMPORÂNEA no Brasil – e não só aqui – é o estado da educação. Podemos resumir a educação como uma salada insossa que mistura porções de psicodiagnósticos dos alunos – a saúde mental hoje é assunto para empreendedores –, modas motivacionais, intensas doses de marketing, alta influência do fetiche da tecnologia, obsessão por falar de gêneros e derivados e um medo desgraçado dos concorrentes. Se falarmos de educação pública, podemos jogar quase tudo fora do dito até aqui e manter a obsessão por temas de gênero, aspectos ideológicos à esquerda, professores zumbis, e o resto são montões de lixo e violência no bairro.

Sei. Você não gostou. Sinto muito, o problema é seu. Você pergunta "onde fica o ideal e a formação dos mais jovens?" Resposta direta: morre com anos de baixo salário, baixa autoestima, irrelevância social e as primeiras rugas faciais.

Mais do que nunca, o enxame dos idiotas, transformado em viés cognitivo, tapa nossos olhos. Conhecer a realidade a partir das causas – como dizia Aristóteles – nunca foi nossa vocação – ele estava errado ao crer que era –, nossa vocação é a fantasia, porque a realidade é insuportável. Numa frase: a consciência bruta de nossa condição ontológica – o desamparo do que falei anteriormente – é insuportável para nossa estrutura psicológica.

A ordem é se divertir – como dizia o filósofo Pascal no século 17 – e jamais escorregar para o abismo da angústia. A pergunta é: o que essa catástrofe da cultura causa à educação? De forma sintética, diríamos que a educação se transforma numa usina de reprodução de idiotas com formação profissional para o mercado. Portanto, para pensarmos na relação entre cultura contemporânea e educação, devemos nos concentrar em como se reproduz a personalidade estúpida em nossa época. Qual seu perfil e no que devemos investir para chegarmos a nossa meta: gerar cada vez mais idiotas para o voto soberano.

Gozemos com as campanhas de marketing, com as parcerias com os pais – o bicho mais perdido da face da Terra em nossa época –, com a formação para *soft skills*, com o ensino para a diversidade, enfim, qualquer coisa que garanta a paralisia da angústia que caracteriza a atividade do pensamento livre. Hoje, mais do que nunca, diria que o traço essencial do pensamento livre é o pensamento que não trabalha nem pela justiça, nem para o sucesso, nem muito menos para a felicidade.

Qual é o futuro para a mudança desse quadro? Nenhum absolutamente. Mudanças de impacto social e psicológico só ocorrem quando ocorrem mudanças no modo material de uma sociedade produzir seus meios de sobrevivência e sua organização institucional. Nada indica que isso ocorrerá num futuro próximo, portanto, devemos esperar mais do mesmo em termos da falácia da educação. E mais idiotas no horizonte que não sabem da sua condição.

A CULTURA CONTRA A FAMÍLIA

QUALQUER UM QUE TENHA UM MÍNIMO REPERTÓRIO HISTÓRICO sabe que a família tal como a conhecemos não é "natural". O modo de reproduzir, até hoje, é natural, mas a organização social ao redor dessa atividade nunca foi. Portanto, você até pode ser um simpatizante do modelo familiar que muitos consideram o "natural" – um homem, uma mulher, filhos amados –, mas este "natural" é histórico. Tampouco o amor é, infelizmente, "natural". Se o modelo mudou no passado, pode mudar no futuro. Esse traço efêmero das experiências históricas nos fazem sentir que tudo que produzimos objetivamente – ou seja, a cultura em si – é também efêmero. Nós, seres do desamparo, ansiamos por algo que em nós fosse eterno e sólido, como as rochas, e não assolados e destruídos pelas intempéries, estas sim, eternas e repetitivas de forma monótona.

A tensão entre a família "natural" e a cultura contemporânea que a odeia reside em outro lugar. Não no fato de que exista um modelo de família a-histórico a ser defendido, mas sim no fato de que uma série de movimentos ideológicos querem destruir esse modelo de família "natural" por ódio a alguns dos seus elementos. A começar pelo pai, tomado pela nossa cultura contemporânea como causador de todos os males. Em outras palavras, a tensão é intencional e nasce do ódio. A crítica à família "natural" é uma das formas de ódio ao macho heterossexual da espécie.

Esse fato pode ser visto, por exemplo, no valor excepcional dado à família homoafetiva – palavra da moda. Portanto, o que é posto sob o foco do ódio – porque se trata de ódio mesmo – é a família em que exista um homem heterossexual, "estuprador potencial" para as feministas ressentidas. Exceção concedida se esse homem tiver sua masculinidade tóxica desconstruída e chorar todos os dias enquanto fizer as panquecas do café da manhã.

Um dos equívocos cognitivos – para não dizer miseravelmente ideológico – em questão aqui é que a cultura do ódio que transita por uma polarização teórica e prática sofre da miopia clássica do feminismo e das teorias de gênero. Para elas, só existem dois tipos de homem heterossexual: ou ele é um estuprador potencial opressor, ou ele é quase ela, a um passo de se fazer trans. Aliás, é comum no nicho cultural trans se dizer que os homens trans são os melhores homens – os cis deveriam aceitar que, se desaparecessem, fariam um bem à humanidade – porque já experimentaram a condição feminina oprimida.

Aqui, talvez mais do que em outras produções objetivas do espírito humano no século 21, fica claro o caráter psicótico da espécie humana. Uma discussão como essa que afirma, ainda que disfarçadamente, que o desaparecimento de metade da humanidade "natural" seria um bem para humanidade é uma forma adocicada de genocídio. Mas, ninguém parece enxergar. Um dos traços de uma cultura produzida num nível delirante como é a realidade do século 21 é essa total cegueira produzida pela sombra de uma autopercepção de uma bondade inexistente. Os progressistas gozam com sua pretensa santidade.

Reúnem-se aqui, ao redor do ódio à família "natural", todo tipo de agente cultural propriamente dito: psicanalistas, artistas, filósofos, professores, juristas, ministros religiosos, mesmo deuses e deusas. A cultura no século 21 será cada vez mais claramente uma cultura de bactérias suicidas.

SÓ OS DESESPERANÇOSOS VERÃO A FACE DA ESPERANÇA

ENTENDO O DESAMPARO HUMANO E SUA NECESSIDADE DE ESPERANÇA. Normal que muita da nossa produção objetiva – nossa cultura – seja um esforço para cuidar do desespero que o desamparo nos impõe. Escapa aos olhos de muitos – mas não de gente de peso como Freud, Nietzsche e Horkheimer – que muito da nossa produção cultural seja efeito do horror ao desamparo que nos atravessa desde sempre. Fôssemos obrigados a ter consciência dele todo o tempo – como já suspeitava Pascal no século 17 – cairíamos em total desespero. Daí uma cultura que busca emudecê-lo, como já dissemos antes.

Um dos modos que nosso século cria para essa mudez é o ruído do conhecimento a serviço da sedação. Assim como em todo quadro de sedação quando um paciente é terminal – somos um paciente terminal, como toda forma de vida –, o efeito consequente é a incapacidade cognitiva. Nossa cultura da felicidade funciona como uma sedação contínua.

Muitos cobram de mim que "dê alguma esperança ao final". Confesso que tenho vontade de chamar o demandante de idiota, mas como tive mãe, sei que não posso fazer isso e me componho com a demanda de sedação.

Mas eu iria mais longe. Arriscaria dizer que, assim como só os pecadores verão Deus, e assim como só os neuróticos verão Deus (Nelson Rodrigues), só os desesperançosos verão a esperança verdadeira, se ela existir.

Já na Grécia antiga, sabia-se que Prometeu, ao colocar a esperança no coração do homem, incorrera num grave erro cósmico, já que para os mortais não há esperança. Mas, apesar desse fato ontológico infame, poder encontrar um semelhante e falar sobre a esperança entre adultos que não mentem sobre nosso próprio desespero já é uma pequena esperança, um detalhe, daquele tipo de detalhe que dizem os rabinos ser a casa de Deus.

UMA CRÍTICA DA CULTURA A PARTIR DOS ANIMAIS

NUNCA SE FALOU TANTO NOS ANIMAIS. Nos *pets*. Mas nunca se tentou humanizá-los das piores formas que existem na mente doente do *sapiens*. Festas de aniversário, curso para *pet* cidadão, *pet garden* em apartamentos, budismo para *pets*. Enfim. Logo *pets* poderão processar pessoas – claro que serão pessoas oportunistas junto com o Ministério Público que o farão – e pessoas poderão processar *pets* – claro que processarão seus "tutores" atrás do dinheiro deles. Os *pets* passaram a ser instrumento da atávica má fé dos *sapiens*.

O mais interessante seria pensarmos numa crítica cultural do ponto de vista dos animais. Principalmente a partir do seu silêncio. Silêncio este que não possuímos como efeito de uma graça especial dada a eles e não a nós.

Nesse sentido, somos uns verdadeiros desgraçados. Falamos demais desde que chegamos ao mundo. E acabamos de chegar nele. Não se trata de pregarmos um retorno à vida como macacos. Traço essencial dos *sapiens* é que nunca houve um paraíso em que habitamos. A utopia não é só um mal que nos afeta o imaginário com relação ao futuro. Dos males da utopia, nem o passado nem os mortos estão a salvo.

Suspeito que o olhar dos animais para nós seja mais da ordem de um ser vivo que, do alto do seu amadurecimento construído ao longo de milhões de anos, enxerga nossa vã inquietação como presságio de nossa extinção. Com o passar dos anos, tornei-me um amante da possível extinção natural dos *sapiens*. Não pelas mãos de algum vilão idiota do cinema, mas pelo simples cansaço do Universo com relação a nós.

Talvez, como diz o filósofo Carlos Afonso Malferrari no seu *Delírios filosóficos do historiador Salem Zoar*", publicado em 2023, ao escravizarmos o elétron com os grandes avanços a partir da eletricidade, colocamos o Universo à beira da ideação suicida.

O silêncio dos animais revela que o "projeto" cósmico nunca comportou ruídos em excesso. Não é à toa que o Universo sofre de um silêncio avassalador.

Tenho certeza de que estamos fadados à extinção. Em meio à balada em que se transformou a modernidade e diante do horror que ela sente pelo seu ridículo envelhecimento quando se olha no espelho, não há dúvida de que mesmo as pedras, de dentro do seu silêncio absoluto, erguerão um grito horroroso pedindo que calemos a boca de uma vez por todas.

A própria cultura sofre do excesso de ruído posto que ela, assim, torna-se surda.

O DESESPERO DA LINGUAGEM

NINGUÉM MAIS CRÊ NA LINGUAGEM. Do inconsciente como determinante, hoje ela é objeto de qualquer teoria que a torne muda de significado. A própria filosofia pós-moderna ergue a descoberta grega da sofística em supremo bem social, enterrando a mínima possibilidade de confiança na fala e, portanto, na comunicação, e, por derivação última, na confiança no mundo enquanto tal.

Cada substantivo, cada verbo é objeto de dúvida metódica, ainda que, como diz o filósofo Miguel de Unamuno no século 20, trata-se de uma dúvida de estufa. E aqui reside o núcleo do desespero da linguagem: quando ela sai da estufa e caminha pelo mundo livremente e consciente de si mesma, ela se vê sem legitimidade.

A dúvida cartesiana, uma dúvida de estufa – uma dúvida de brinquedo – não carrega em si qualquer desespero, mas a dúvida verdadeira, aquela que abala a carne e os ossos – de novo, Unamuno –, põe em xeque a respiração da língua. Afinal, para que falar se a fala em si nada mais é do que um surto sem qualquer sentido que significa nada, a não ser o ruído em si que brota da boca, da língua e dos dentes, que se quebram com o passar dos anos?

O desesperar da linguagem é uma ferida mortal, apesar de que nós modernos, os humanos mais idiotas que já caminharam sobre o barro, nada sabemos disso. Falar é nosso grande orgulho. Muitos evolucionistas entendem que esse foi um diferencial fundamental para nossa adaptação. Eu, juntamente com todos os filósofos noturnos que auscultam o coração do mundo, sabemos que foi sua condenação à extinção.

A DESCOBERTA DE DOSTOIÉVSKI

Autor vastamente lido, tomado por muitos como um profeta, Dostoiévski viu a modernidade para além do que os outros modernos viram: ele a viu nos seus ossos, e chorou por eles.

O autor russo sentiu o odor ácido do sangue que corre nas veias da modernidade, mesmo quando, enebriada, dança nos seus melhores momentos. Assim como uma bela mulher fácil tomada pelos ares do entorpecimento, a modernidade dança à beira do abismo que ela mesma criou. Haveria redenção para a modernidade? Há redenção para a mulher fácil enebriada da sua própria beleza? Descobrir-se enlouquecida de si mesma implica no duro tropeço da velhice – os homens, tampouco, são poupados dessa mesma loucura, mesmo que por outros motivos. Mas, no rosto de uma mulher, a tragédia é sempre mais bela. E a modernidade, envelheceu bem? Temo que não. Mentir sobre sua decadência é um dos maiores empreendimentos da cultura contemporânea.

Dostoiévski descobriu que ali onde se declarou a morte do demônio, pelas mãos da ciência e do ateísmo glorioso, se escondeu de forma sofisticada o demônio em pessoa. Claro, não sou crente, em Deus pelo menos – a existência do demônio é mais razoável. Apesar de considerar que a existência de Deus faria tudo ficar muito mais interessante. O vazio do Universo, que me é entediante de tão conhecido – com a mesma tessitura conhecida dos brinquedos infantis – torna tudo cientificamente repetitivo.

O russo, talvez pelas agonias mesmas de uma alma atormentada em meio a um espírito de um povo infeliz – talvez só os infelizes vejam a realidade como é – enxergou a modernidade em sua estrutura demoníaca. A vocação ao nada – o niilismo mesmo do qual os russos tanto falaram no século 19 – habita a revolução moderna. A emancipação dos homens e das mulheres é uma peregrinação em direção ao nada. Poucos veem essa realidade até hoje. Envoltos sob a manta da felicidade buscada, afogam-se na baba que escorre de suas bocas quando contemplam o sucesso como objeto do desejo.

A cultura, em meio a qual nos formamos, é atravessada por esses minúsculos demônios que somos nós mesmos.

Muitas são as formas de terapia que prometem encontrar um fio da meada, mas nenhuma delas o faz, principalmente quando a saúde mental se transformou numa *commodity*. O mercado das almas mortas, descrito por outro russo contemporâneo de Dostoiévski, Gógol, é outra profecia. Mesmo mortos, sem desejos, podemos ser comercializados.

Mas pobres de espírito são aqueles que creem numa redenção pelo desejo. Se existe alguma, ela só sorri para quem desistiu de qualquer forma de redenção. Sós os desesperados reconhecerão a esperança quando ela sorrir sobre o mundo.

OS BRINQUEDOS RIDÍCULOS

FÁCIL PERCEBER COMO PESSOAS PODEM PARECER IDIOTAS no uso dos seus grupos de WhatsApp – escrevo esse termo aqui, mas imagino que se alguém ler este livro em 100 anos soará como alguém que escreveu "uma vitrola" no início do século 20.

Homens e mulheres se comportam similarmente, mas também diferentemente. Homens mais velhos trocam figurinhas de mulheres jovens e gostosas sem que, nem em sonho, as chuparão, quanto mais as penetrarão – quando falam de mulher gostosa, ainda há um resto de saúde nesses coitados. Mas cada assunto miserável e banal, como um exame médico, um novo motivo para usar máscaras, uma notícia irrelevante sobre alguém vagamente famoso em sua época que acabara de morrer, uma entrevista de alguém conhecido, mas também irrelevante, preenche o dia.

Quando criança, escutava a Ave Maria nos rádios às seis horas e pensava como o mundo era triste. Sinto o mesmo sentimento quando percebo a tristeza por trás de tais comentários.

Uma das maiores contradições do mundo moderno é nos ter legado mais vida e ao mesmo tempo não saber o que fazer com essa longevidade. A longevidade em si revelou nossa futilidade. A morte prematura resguardava sob o manto do luto a irrelevância de viver mais tempo. Tendo atingido uma idade cada vez mais longa, percebemos que a modernidade envelheceu mal em cada um de nós.

A cultura contemporânea não sabe o que fazer com seu refugo. Afora aqueles que podem continuar brincando porque têm dinheiro para tal, o resto é signo da desigualdade social no plano etário.

Muita gente afirma que, com o advento da inteligência artificial, finalmente os homens poderão viver como criativos que somos. Eu não compartilho tal hipótese. Pelo contrário, acho que se a inteligência artificial nos livrar do peso da condenação bíblica a viver com o suor do nosso rosto, descobriremos o quão não criativos somos, e nossa profunda natureza de seres para o tédio virá à tona. Tédio esse de que a dureza da vida nos protegeu até ontem.

"O SÁBADO É UMA ILUSÃO"

O ESCRITOR BRASILEIRO NELSON RODRIGUES COSTUMAVA DIZER que o sábado é uma ilusão. Ilusão porque muita gente aloca no sábado seu sonho de felicidade que romperia o ciclo infernal de obrigações. Doce ilusão. Grande parte das pessoas passam o sábado fazendo compras de supermercado e outras demandas da vida doméstica, quando não ocupam o sábado inteiro com cursos de especialização para esquentar seus currículos ou carreiras profissionais. Afinal de contas, reza nossa cultura de vida que devemos agregar valor a nós mesmos em todas as oportunidades que nos aparecem. O sábado não está fora do *networking*.

Mesmo pessoas que decidem "relaxar" no sábado, se afastando das demandas domésticas as mais variadas, poderão cair noutras armadilhas pautadas pela causa máxima da ilusão com relação ao sábado: as expectativas de que serão felizes na praia em que irão ou algo semelhante. O carro carregado – se tiver crianças, a chance de o sábado ser um cenário de estresse é maior ainda – de coisas para a felicidade esperada, o trânsito, a hora de comer, dormir. Tudo somado, a resultante é uma enorme probabilidade de que o sábado do "relaxamento" acabe virando o oposto. A preparação logística, o supermercado, os equipamentos de lazer, enfim, uma grande ilusão povoa nosso imaginário da felicidade de fim de semana.

Mas mesmo os mais livres e solteiros também guardam seu sábado como ilusão. A expectativa de que a noite do sábado será uma noite mágica, em que você será "você mesma" – um dos temas mais recorrentes na lista de ilusões do nosso tempo –, em que você terá aquele sexo de qualidade, tudo isso vai por água abaixo.

Essa questão da expectativa com relação ao sexo de qualidade a ser realizado no sábado revela o grande equívoco que alimenta constantemente nossa cultura da felicidade. É a expectava em si que é a alma do negócio aqui. Ela é a garantia de que há uma grande chance de que o "projeto sábado" dê errado.

Mas não adianta dizermos isso. Nossa espécie, na sua demência estrutural, nunca deixará de crer firmemente na ideia de que a expectativa move a felicidade, quando, na verdade, ela é o motor secreto do fracasso do sábado em nossa vida. O resultado é que, mesmo contra a vontade, muitos acabarão por sonhar com a chegada da segunda-feira e todas as desculpas que as obrigações trazem consigo para que repousemos no doce mal-estar que sustenta nosso cotidiano.

O FETICHE DA INDIVIDUALIDADE

TALVEZ O ÚNICO MOMENTO EM QUE VOCÊ SERÁ UM INDIVÍDUO "verdadeiro" na sua vida será quando você for escolher seu desodorante. Mesmo aí, e no restante dos momentos em que você supostamente exercitará as famosas "escolhas" que definem a atitude essencial do indivíduo – um dos maiores fetiches do delírio moderno –, você estará no epicentro de inúmeras camadas de determinismos sociais, políticos, econômicos, biológicos, psicológicos, que esmagam o personagem indivíduo. Mas a ilusão segue seu curso. A prática da *selfie* reforça esse equívoco. Numa frase, o indivíduo, assim como o sábado, é uma ilusão. O projeto moderno de indivíduo só permanece existindo como uma mercadoria barata.

Fora do território do consumo, e ainda assim, muito longe da ideia de uma "escolha individual", ou quando você deposita seu irrelevante voto numa urna, o projeto indivíduo nunca decolou porque ele é um típico produto da metafísica moderna sobre si mesma. Se a metafísica clássica se alimentava da ideia de substâncias invisíveis que não ocupam lugar no espaço físico, a metafísica moderna se caracteriza pela crença em substâncias políticas, sociais, econômicas, psicológicas e biológicas. Mesmo que as enxerguemos como vínculos materiais, quando as erguemos em parâmetros de pensamento, elas se descolam da suposta materialidade e operam como puras ideias platônicas revisitadas pelo delírio moderno. Por isso as inúmeras utopias coletivas e individuais que a modernidade já produziu no seu curto espaço de tempo vivido até aqui.

A modernidade é uma gigantesca operação metafísica envergonhada que sofre, antes de tudo, pela luta em afirmar que tem ossos de verdade quando, na realidade, vaga pelo espaço vazio das sombras descritas por Kirk na epígrafe desta obra que você tem em mãos.

"AS TOLICES DO TEMPO"

UM DOS TRAÇOS DO NOSSO MUNDO É A PAIXÃO POR TOLICES. E elas se transformam em conceitos, em leis, em dogmas teológicos. Passamos grande parte do nosso tempo se indagando acerca dos modos que duas pessoas devem corretamente se amar, devem corretamente criar seus filhos, devem corretamente se preparar para um mundo da inteligência artificial. Tudo se fez de tal forma que as modas se tornaram cláusulas pétreas de uma época em que o gasoso é o estado que permeia a arquitetura.

Crer demais em que vivemos "em nosso tempo", ou que esse tempo significa um marco na história, ou que sem "nossa época" o mundo jamais sobreviveria as suas misérias passadas, ou que as pessoas que antes viveram nada faziam além de esperar que nós viéssemos à luz, trazendo a definitiva luz das coisas, todas essas crenças são apenas tiques nervosos de uma história que agoniza sob o sentimento de nossa total irrelevância.

No fundo, temos medo da certeza de que sejamos apenas desnecessários. Nunca a humanidade esteve tão segura da sua inutilidade como em nossa época, por isso essa fúria em dizer o contrário, para ver se o ruído do vazio que nos corrói silencia.

O problema é que não suportamos o silêncio, em nenhuma das suas formas, e, se olharmos para trás, somos uma espécie que evoluiu – no sentindo darwinista – em meio ao silêncio. Só os animais permaneceram nesse elemento constitutivo das coisas em si. Nós estamos exilados do silêncio desde o momento em que a linguagem começou a comunicar nossas obsessões.

UMA CULTURA MONISTA

SEI QUE FALAMOS DE UM MUNDO QUE CULTUA SUA PLURALIDADE em todas as coisas. O fato é que essa pluralidade é mais abstrata do que concreta. Um exemplo dessa abstração é quando pessoas que se dizem inteligentes afirmam, por exemplo, que existem tantos gêneros sexuais quantas as pessoas no mundo. Mentira pura e simples. O que marca hoje a pluralidade *fake* de gêneros é só a moda de se falar a própria palavra "gênero".

Se o marketing é um marketing da pluralidade, o marketing em si como linguagem absoluta do mundo é enlouquecidamente monista. Talvez você que esteja me lendo não saiba o que é monismo. Vou te pegar pelas mãos e te explicar, afinal, converso com você e por isso mesmo preciso que me entenda – apesar de que não me importar te agradar em absolutamente nada. Aliás, se alguém tivesse que definir nossa cultura num só verbo, este seria facilmente "agradar".

"Monismo" é um termo em filosofia peso pesado para descrever uma realidade que seria "feita" de uma única substância. Dualismo, duas. Pluralismo, inúmeras. No âmbito da ética ou da política, crer no monismo significa crer que em algum lugar nos espera, para ser encontrada, a resposta final para as ambivalências morais ou políticas. Monistas são apaixonados por palavras específicas, como justiça, amor, verdade, o bem, combate, igualdade, progresso. Uma visão monista da história implica a crença de que a história caminha para algum tipo de harmonização de seus conflitos ou superação de suas contradições em formas cada mais menos contraditórias. Gente grande como Hegel e Marx foram monistas. Crer que a história carrega em si "um quê" de progresso acumulativo é ser monista, ainda que disfarçado de historicista.

A modernidade é descaradamente monista, ainda que pose de plural quando aceita o amor entre um homem e uma planta como diversidade afetiva ou erótica. O monismo da nossa cultura moderna está profundamente enraizado no fato de acreditarmos que ela, a cultura, exista num todo de atos e elementos que se encontram e sorriem uns para os outros uma vez que tomemos o ângulo correto de abordagem e ação. A própria ideia de que exista "um ângulo", "este ângulo", e não outro, já trai a miopia monista.

Mesmo os que se autodenominam pós-modernos e negam grandes narrativas e defendem micronarrativas plurais o fazem sob a crença de que esse reconhecimento é fruto de um princípio que os une, que é o respeito a todos – imperativo categórico monista. A simples ideia de que tudo e todos "merecem" respeito nas suas obsessões já é a traição da fantasia.

O que a nossa cultura mais detesta, do fundo do seu coração, é o risco de que um pluralismo profundo de substâncias, valores e modelos de fato habite a realidade intratável das coisas, como afirmava o filósofo britânico Isaiah Berlin no século 20. Se as coisas se odiarem na sua tessitura mais profunda pelo simples fato que têm razão em se odiar, sem que nenhuma delas de fato tenham "a" razão justa em si para se odiar, mas que simplesmente vaguem pelo Universo de forma irrelevante e sem harmonia possível, deixariam um dos nossos princípes do monismo moderno em crise com sua narrativa de progresso definitivo.

O pesadelo da cultura moderna é que ela um dia veja seu próprio reflexo no espelho e perceba seu despedaçamento em elementos sem forma alguma. Sem encaixe um no outro. Nunca o mundo temeu tanto a falta de sentido como nossa época, justamente por tomar a si mesma como o sentido máximo de tudo que já existiu no passado.

O MARKETING ÍNTIMO

O MARKETING É HOJE UM DOS TERRITÓRIOS MAIS MISERÁVEIS DA NOSSA CULTURA – já disse isso, mas nunca é pouco repetir. Contaminou tudo, logo contaminará a morte. Que não será a bela morte na guerra, imersa na coragem, mas a morte sob a máscara mortuária da gargalhada que projeta estar bem, histérica e feliz até o último hálito.

O uso do conceito de intimidade pelo marketing de eventos é uma das formas mais claras da miséria da nossa cultura.

Imagine a seguinte situação. Você é convidado a participar de uma experiência íntima, e única, numa casa chique de alguém famoso – inclusive famoso por criticar o mundo do capital e da desigualdade social. Imagine você, assim como os outros poucos eleitos, sendo transportados por carro caros, um para cada convidado. Imagine que o evento para poucos é permeado de rapazes belos e moças sedutoras, ao gosto de cada freguês.

Imagine que num dado momento a arte entra em cena de forma triunfante – pode ser qualquer forma de arte. Os artistas estão sempre lambendo as botas do poder, apesar de se dizerem contrários ao poder.

Em todos os lugares do ambiente, sob um jogo de luz discreto e elegante, o produto objeto dessa performance íntima.

Todos se sentem especiais, conteúdos postados, os quais vendem tanto o produto objeto dessa performance íntima quanto o próprio eleito que assim vende sua vida, seu corpo, e se tiver, sua alma.

O marketing íntimo é uma das formas mais sublimes da nossa miséria cultural. Saudade da época que qualquer uso da palavra "intimidade" na propaganda se referia sempre a uma mulher bela numa lingerie sedutora, porque, como bem dizia o infernal vienense Karl Kraus, só os superficiais creem que os homens só se importam com o corpo das mulheres. A lingerie também é essencial. Afinal, a mulher amada é sempre um objeto delicioso.

O VAZIO NO CORAÇÃO DO MARKETING

UMA DECORRÊNCIA NECESSÁRIA DO VISTO IMEDIATAMENTE ANTES É A PERCEPÇÃO de que existe um vazio no coração do marketing.

Esse vazio se assemelha àquele que *habitués* de festas e baladas sentem quando se veem no espelho do banheiro em meio à panaceia: um vazio soterrado pelo barulho, pela purpurina, pelas drogas, pelas expectativas.

As expectativas são um dos caminhos mais curtos para o vazio, a prova é que, uma vez realizadas, perdem todo o valor em pouco tempo. E quando não realizadas, tornam a vida pura ansiedade para o nada.

Mas eu arriscaria dizer que a purpurina é o verdadeiro caminho para o vazio que bate no coração do marketing.

Todo evento de marketing é uma experiência de purpurina por toda parte. Nos sorrisos, nas promessas, na música pseudoprofunda, nas comidinhas descoladas, no uso da palavra "alma" sem nenhuma referência a ser ela uma sofredora contumaz, nas figuras gostosas que circulam, na ansiedade de ver e ser visto, na busca de falar com os que são de fato relevantes. O marketing é a selva empacotada para presente.

Fazendo largo uso da mentira como método, e todos sabendo que tudo é mentira, com exceção dos mais idiotas – mesmo aqueles que precisam do dinheiro investido ali e esperam que nasça dali sabem que é a mentira a mãe de todos os profissionais de marketing –, o resultado é que a sensação de que tudo que foi falado, visto e sentido ali não tem uma consistência mínima que pareça realidade.

O simples fato de que a sociedade contemporânea sem o marketing não exista mais é a prova concreta de que a modernidade inventou uma nova forma de vazio no seio do coração humano: aquele que acolhe nossas misérias com o sorriso da medusa. A cultura contemporânea se movimenta ao sabor da dança das serpentes que habitam a cabeça da medusa.

A MECÂNICA DA MISÉRIA

JÁ CITAMOS A IDEIA NIETZSCHIANA DE QUE HÁ UMA ESTUPIDEZ NA MECÂNICA. Quem imaginaria no século 19 que chegaríamos a tamanha estupidez mecânica?

A mecânica deve ser entendida no seu sentido estrito, e não metafórico. A submissão às leis físicas é a mecânica em si. Ainda que na modernidade nos vangloriemos da emancipação que as ciências, as técnicas e a gestão racional dos problemas humanos nos legaram, causando em todos a sensação de liberdade com relação aos humanos do passado, o fato é que nunca existiu uma humanidade tão submissa à mecânica como a contemporânea.

As reações treinadas para atingir o sucesso, a diminuição da semântica em favor de objetos "construtivos", o respeito absoluto a tudo, a preocupação em educar as crianças para pessoas melhores, a construção de cidades inteligentes com o objeto de garantir fluxos comportamentais que gerem mais felicidade e empatia entre as pessoas, as terapias cognitivas comportamentais com o intuito de criar crenças mais assertivas que alimentem nossa autoestima, a ideia de que você deve ver a sua vida como oportunidades empreendedoras, o fato de haver um falso consenso acerca dos valores que devem reger a sociedade, o mito do progresso organizado a partir de uma linguagem tecnocientífica, enfim, todos esses elementos, associados a tantos outros, implicam um movimento mecânico.

Todo comportamento pautado por princípios e fórmulas a serviço da construção de um mundo melhor é filho da estupidez mecânica da qual fala Nietzsche. A impossibilidade de vermos isso se deve à cegueira que a vida mecânica causa em nossa fisiologia ocular, entre outras.

Só a eliminação do propósito de felicidade e sucesso pode, talvez, nos salvar da estupidez mecânica, mas isso já é uma batalha perdida. Tem gente por aí que fala em felicidade ser um direito, um dever ou uma escolha. Felicidade é, na maioria das vezes, puro acaso.

A mecânica do acaso nos é insuportável, por isso inventamos uma mecânica com a cara dos seres humanos. Idiotas com pós-graduação dirão que o progresso que vivemos nos últimos anos é a prova de que podemos nos libertar da mecânica do destino. Pobres diabos, o mito do progresso é pura miséria.

Na medida em que inventamos a felicidade, como também dizia Nietzsche, e essa felicidade se definir pelos exemplos dados acima, nossa única saída é lembrar o que o próprio filósofo do martelo pensava: só a afirmação da vida íntegra, entendendo íntegra como portadora da integridade da luz e da sombra da vida, pode dar algum sentido para uma cultura que se quis unicamente iluminada pela luz da estupidez.

SAUDADE DE UMA CULTURA SEM FUTURO

O FUTURO É, DE FATO, UMA INVENÇÃO MODERNA. Como afirma o filósofo britânico John Gray neste século 21, antes do cristianismo, nunca existiu futuro na história. Os ciclos naturais se impunham à história dos homens. O mito do progresso é cria do cristianismo e, com ele, a crença absurda de que existe um futuro a ser construído cada vez melhor. Que saudade sinto de uma cultura sem futuro, apesar de nunca a ter vivido, o que é prova, no mínimo, de que podemos aspirar a algo que nunca vivemos ou conhecemos na carne.

A modernidade, herdeira da obsessão cristã pela redenção, inventou o futuro tal como conhecemos. Muita gente pode pensar, com razoável certeza, que sempre existiu o futuro porque sempre existiu o dia de amanhã. Grande ilusão. A mera existência do dia de amanhã não basta para afirmarmos a presença do futuro no horizonte.

O dia de amanhã sempre foi igual ao dia de hoje, e, por sua vez, o dia de hoje sempre foi igual ao dia de ontem. A pura repetição de um tempo idêntico a si mesmo era a realidade "histórica" do mundo. O tempo social nunca "evoluiu" porque a técnica se movimentava dentro do império da inércia. A simples inexistência de mudanças nas vidas dos descendentes implicava a inexistência do futuro tal como cremos hoje.

O uso comum da expressão "fulana não tem futuro nesse fim de mundo, ela deve ir para onde há vida" significa, antes de tudo, uma afirmação sociológica sobre as condições de possibilidade que alguém – ou uma sociedade – tem de criar novas condições de vida sociais.

Essas novas condições de vida implicam a existência de técnicas, organização do cotidiano, espaços institucionais, mercados e produção que gerarão o futuro tal como entendemos: aquilo que os novos tempos criam porque somos livres através do uso da razão, da tecnologia, da ciência e do planejamento do tempo social.

A liberdade de escolha é filha dessa matéria social e histórica prévia. A modernidade inventou o futuro porque criou as condições para se inventar uma outra vida e a filha não estar submetida, ao mesmo tempo, à mãe e à avó. Mortas essas condições, o futuro se desmancharia, e a gravidade da inércia do tempo que se repete voltaria.

Saudade de uma cultura sem futuro é a hipérbole do cansaço com a alegria infantil com tudo que é novo, o que implica, mesmo que sob o silêncio social e psicológico, da minha irrelevância enquanto tempo presente condenado ao vazio de valor do tempo passado que logo serei.

Uma cultura moderna é por excelência uma cultura cuja vocação essencial são os ossos, sem a consciência de sua própria forma peculiar de amor ao nada.

A HUMANIDADE É PURO FETICHE CONCEITUAL

É FAMOSA A FRASE DO FILÓSOFO EDMUNDO BURKE DO SÉCULO 18, segundo a qual existem pessoas que amam a humanidade, mas detestam seu semelhante. Referia-se ele a outro filósofo do mesmo século, Jean-Jacques Rousseau, o grande herói das utopias políticas modernas. Mas o que quer dizer essa frase e no que ela impacta nossa cultura contemporânea?

Antes de tudo, ela faz uma ironia explícita a quem sente que ama a humanidade – ou diz sentir esse amor imenso –, mas não suporta humanos reais. Quanto amor existe nesse coração que o faz capaz de amar cerca de 8 bilhões de pessoas, quando é tão difícil – todo mundo sabe – amar apenas uma?

Evidente que amar a humanidade não se refere a amar a cada um dos 8 bilhões de seres humanos, mas sim a amar uma ideia, uma abstração. A humanidade só existe de fato enquanto o somatório dos 8 bilhões de seres humanos – que esse amante evidentemente não ama, mas, sim, ele ama o que não existe na realidade, que é a ideia de humanidade. Essa ideia já é um fetiche porque já virou comportamento de consumo e marketing digital.

E ela pode ser segmentada em "amo o povo X" – apesar de que não conheço ou convivo com ninguém que pertença a esse povo X –, "luto pela liberdade de Y" – apesar de que não tenho a mínima ideia do que está em jogo na "liberdade" do povo Y.

Apesar de todo o horror da escravidão, sendo ela um modo de produção de quando não havia tecnologia para nada – ou seja, na imensa maior parte do tempo da existência do *homo sapiens* –, é absolutamente provável que numa eventual falta absoluta de tecnologia e ordenamento econômico mínimo em escala, as mesmas pessoas, ou a "humanidade" que defende os direitos humanos, voltaria a praticar a escravidão em larga escala sobre os povos mais fracos.

Só se ama a humanidade dadas certas condições de possibilidade *a priori*. Além das condições materiais evidentes, existe também aquela que, para concretizar essa ideia de humanidade, há que se escolher qual é a humanidade que eu amo: a A ou a -A?

Amar a humanidade, assim como a crença de que de fato exista algo para além do somatório grosseiro de seres humanos, muitas vezes em conflito e simplesmente insuportáveis, que seja essa humanidade é puro fetiche moderno. Não é à toa que Burke identifica isso no filósofo da vaidade, Rousseau, que criou um novo pecado da vaidade na era moderna, a vaidade do amor à humanidade abstrata como indicativo da alta qualidade moral desse amante da humanidade.

O que está em jogo nesse fetiche é, simplesmente, o amor narcísico de si mesmo projetado numa abstração que não faz mal a ninguém porque não se trata do somatório grosseiro das 8 bilhões de pessoas, nossos insuportáveis semelhantes.

O LUGAR DO INFERNO EM NOSSA CULTURA

O CONCEITO DE INFERNO ESTÁ FORA DE MODA, com exceção de grupos religiosos cristãos mais radicais. Entre a elite dita intelectual – em que, muitas vezes, a miséria de uma cultura supostamente mais sofisticada se revela para olhos atentos –, ninguém levará a sério a ideia de que o inferno exista.

Se no passado o inferno era representado como um lugar de sofrimento eterno, em que ia de ser torturado fisicamente até arder no fogo de uma vaidade sem fim, hoje o comum é pensá-lo enquanto metáfora social ou psicológica. Neste preciso caso, a obra *Inferno*, escrita pelo dramaturgo August Strindberg no final do século XIX, é paradigmática.

O autor sueco associa as novas – da época dele – concepções do sofrimento psicológico de um louco – no caso dele, tendendo claramente para um diagnóstico de paranoia – a ideias claramente sobrenaturais ou metafísicas mais típicas do tempo passado. Na época, a Europa sofria as dores de parto de uma modernidade orgulhosamente científica. Não é à toa que, na narrativa, Strindberg fale tanto das suas "pesquisas" químicas e quanto das alquímicas. Claro que esse seu esforço "científico" foi condenado ao fracasso, aumentando seu viés paranoico em relação ao mundo que o perseguia.

Mas é justamente no materialismo científico em nascimento que, suponho, aparece o lugar do inferno num mundo que esnoba a própria crença dos religiosos no inferno dos medievais. Seu processo criativo caminha próximo a de outro escritor da época, o inglês Robert Louis Stevenson, autor do clássico *O médico e o monstro*, na tradução em português. Em ambos os casos – em Strindberg, o inferno, propriamente, em Stevenson, o mal –, o conceito de inferno se torna "objeto" de uma ciência química vaidosa em relação as suas supostas infinitas capacidades.

No primeiro, o inferno aparece como função de sua psicose paranoica na qual se manifestam as forças demoníacas ou divinas que lutam pela sua alma – na prática, sua vida psíquica –; no segundo, a intenção é separar quimicamente a personalidade má da boa no médico, que se faz cobaia de si mesmo. O resultado da experiência do Dr. Jekill é a morte do corpo em que conviviam, de forma dissociada uma da outra, ele e o mal, Mister Hyde. No caso de Strindberg, ainda que passe o surto agudo – o livro é um diário misturado com ficção –, permanece o homem que ele sempre foi, um paranoico que odiava as mulheres e que acreditava ter intimidades com seres demoníacos.

Para além das peças literárias em si, a metodologia para lidar com o inferno ou o mal é a química materialista que, por crença, explicaria e controlaria o antigo mundo metafísico imaterial ou sobrenatural. A tradução do produto da ignorância medieval – o inferno e o mal – em termos químicos materialistas modernos evoca para onde irá, ao longo do século 20 e 21, nosso inferno atávico: se esconderá na confiança desmedida nas invenções racionais humanas. Na ideia de progresso material se desenha a potência do inferno enquanto lugar natural da humanidade e sua vida espiritual. Muda de forma, mas permanece o conteúdo numa espécie louca sem limite. Desfeito o limite exterior, a vocação da vida interior à loucura se esconde na própria crença ilusória na sua saúde racional plena. Sem os limites impostos pelo meio ambiente hostil, nunca teríamos ido tão longe.

No fundo, o inferno é ridículo. Permanece ridículo, hoje pior do que na idade média, porque ainda mais inconsciente de si mesmo. De certa forma, o inconsciente cresceu na modernidade, afogado na enorme extensão da vaidade em nossa cultura. A vaidade virou o combustível da repressão, indo muito além do que pensava Santo Agostinho na antiguidade tardia acerca da soberba. Presumo que a ignorância da espécie acerca de si mesma hoje é maior do que jamais foi. Por isso, a mentira hoje é um método.

Como vimos numa das citações de abertura deste livro, as palavras de Bernanos são, como sempre, proféticas: o robô para nós, o materialismo científico, é a nossa redenção. A vocação ao materialismo espiritual é uma forma avançada de inferno.

A DESINFORMAÇÃO COMO OPÇÃO HERMENÊUTICA

JÁ DISSE QUE A MENTIRA É HOJE UM MÉTODO. NOUTRAS OPORTUNIDADES, descrevi isso de forma pontual. Mas, na nossa cultura, a atividade que lidaria de maneira objetiva com a informação, o jornalismo, já se dobrou à desinformação como opção hermenêutica. Essa opção não é mero descuido, é uma opção metodologicamente consciente de si movida por preferências ideológicas.

Podemos, inclusive, como fazem alguns teóricos do jornalismo, defender a desinformação por razões políticas ou morais. O "bem" exige de nós que informemos mal, afinal, se tudo é narrativa, que façamos uma que favorece o que determinado grupo considere o "bem". A morte da objetividade em nome da política corretamente engajada.

Veja um exemplo claro. É comum dizer que se as mulheres dominassem o mundo haveria menos guerra e teríamos paz – risadas? De repente, uma feminista salta de trás da árvore e diz que essa ideia é uma nova forma de repressão patriarcal porque oprime a capacidade criativa das mulheres na liderança. O que podemos concluir desse fato?

Simples: segundo nossa teórica, se mulheres fazem guerra e matam, é criatividade feminina emancipada; se homens fazem a mesma coisa, é ruindade da testosterona e marca do patriarcado. A desinformação aqui revela sua face mais "moderna", a saber, a acadêmica e supostamente científica. A desinformação é uma hermenêutica, no mínimo desde que Marx, no século 19, defendeu o pragmatismo revolucionário, segundo o qual a verdade está a serviço da revolução, portanto, vale mentir se esta mentira estiver a serviço da história da emancipação.

Claro que há desinformação causada por um sem número de idiotas postando lixo nas redes. Mas há um tipo de desinformação que está sintonizada com uma intenção política maior, que é defender a causa que os inteligentinhos defendem, seja ela qual for. Um dos efeitos da estupidez contemporânea é que tanta gente resolveu salvar o mundo com as ideias e com a mídia.

De certa forma, nunca saímos do impasse descrito por Orwell no seu *1984*: podemos reescrever a história como quisermos porque, mesmo aqueles que defendem o "bem", pregam que a história nada mais é do que a versão dos fatos narrados do ponto de vista dos vencedores.

A conclusão que podemos tirar da situação aqui descrita é que todo o queixume da nossa cultura com *fake news* é mera farsa. A cultura contemporânea não é um campo em que se busque verdade alguma, apenas o sucesso, mesmo no campo das utopias.

O mundo sempre foi um circo, a diferença sendo que agora ele se convenceu de que não é, e mesmo a inteligência pública trabalha em favor de uma hermenêutica que deita raízes na desinformação como ferramenta de emancipação. O circo mente sobre sua condição de circo.

O FEMINISMO COMO ESTUPIDEZ

ANTERIORMENTE, APONTAMOS O CASO EM QUE DIZER QUE MULHERES podem ser cruéis deve ser compreendido dentro do escopo da criatividade emancipada. Mas o feminismo na sua ação histórica, para além dos ganhos óbvios de voto feminino, combate à violência, salários e afins – ainda que suspeito que não seria necessário um movimento como o feminista para atingirmos esses marcos –, acabou por se constituir num caso claro de estupidez cultural bem típico da nossa época: nossa estupidez cultural vem coberta de *glamour* e purpurina, e, por isso, os olhos menos acurados não enxergam a face da estupidez por detrás do brilho ofuscante das luzes e das lantejoulas. Afinal, lembremos que desde o século 18 confundimos o pensamento com luzes e lantejoulas.

Os danos causados pela miopia proposital do feminismo só poderão ser de fato identificados – se o forem – dentro de algum tempo. Tenho dúvidas se serão porque será necessário um grande surto de honestidade intelectual para que isso ocorra, e a vida intelectual e a ética nunca se deram bem.

Um desses danos se dá devido à adesão irrestrita das escolas à agenda feminista. Sua ideologia é ensinada como se fora uma ciência exata do comportamento masculino e feminino, quando não o é. Aliás, nada em ciências humanas é exato ou tem capacidade de prever eventos próximos no tempo.

A pura e simples demonização dos meninos e do desejo heterossexual das meninas já seria o bastante para suspeitarmos da agenda comportamental em questão. A redução de toda forma de reflexão a jargões como "patriarcalismo" ou "sexismo" é traço evidente desse reducionismo epistemologicamente carregado de intenções extrarracionais que servem apenas a agendas de *lobbies*, dos partidos políticos e de indivíduos.

Mas, entre outros danos, no campo mais especificamente das mulheres, algo que deveria receber mais atenção é a ignorância que o feminismo gera entre as mulheres mais jovens e sua vida sexual intimamente associada à reprodução humana como consequência do ato em si, e do impacto que esta tem nos seus projetos profissionais e de vida. Aliás, um dos argumentos mais controversos nessa área é o fato de que do ponto de vista do custo-beneficio – praticado inclusive por mulheres em posição de poder no mundo do trabalho – a gravidez é um passivo para as empresas e para as grávidas. A mera tentativa de reduzir essa controvérsia ao puro sexismo é uma das provas a favor de hipótese de que o feminismo é uma das formas mais sofisticadas da estupidez contemporânea em termos culturais.

Muitas mulheres descontinuam seu investimento prioritário no trabalho e na carreira quando abraçam a gravidez – a tentativa de dizer que isso seria resolvido por um *workshop* antimachista é parte do problema, e não da solução. As modinhas de comportamento pouco importam para além do curto período de tempo. Esse desinvestimento faz com que muitos parceiros profissionais se sintam inseguros com relação à continuidade dos negócios e do trabalho envolvendo mulheres jovens em idade reprodutiva.

A queda vertiginosa da fertilidade no mundo contemporâneo pode ser uma das consequências dessa equação que une sexo e vida profissional das mulheres mais jovens – sendo a juventude o momento em que uma pessoa define seus horizontes na vida. Para evitar tais danos, o cálculo de custo-benefício faz com que casais jovens recusem a reprodução. Filhos atrapalham, custam caro, duram muito tempo e são sólidos demais, diria o sociólogo Bauman no século 20. Cada vez mais as mulheres desistem da gravidez. O feminismo atrapalha essas mulheres quando tenta dizer que tudo isso é culpa do patriarcalismo, gerando ignorância e insegurança em nome dos seus *lobbies* políticos e de marketing.

Envelhecimento, solidão, gastos com profissionais picaretas, ressentimento, tudo isso se constitui no destino de muitas mulheres. Vale dizer que o território da mentira como método e da desinformação como hermenêutica afeta a todos, e não apenas as mulheres. Não vejo nenhum sinal no horizonte de que haverá qualquer mudança possível.

APRENDENDO A PENSAR O FUTURO SEM ILUSÕES

SIM, UM MOMENTO DE GENEROSIDADE. Paremos de perguntar coisas sobre se isso ou aquilo vai mudar ou melhorar e olhemos para a dinâmica material da sociedade que gera qualquer dos fenômenos em questão. Como diria o velho Marx, olhemos para a infraestrutura, a fim de entendermos a supraestrutura. Se nada indica mudança no andar de baixo – infraestrutura –, nada deve mudar no andar de cima – supraestrutura.

A fim de sermos didáticos, vejamos a questão da diminuição da fertilidade citada anteriormente. Quando você pergunta se isso deverá mudar no futuro próximo e as mulheres e homens decidirão voltar a ter mais filhos, é evidente que você está se esquecendo do que eu disse no parágrafo imediatamente acima.

Nada muda se a etiologia social do fenômeno não muda. A queda da fertilidade é fruto da dinâmica social do trabalho, dos investimentos na carreira, das prioridades estratégicas que os jovens devem ter na vida, enfim, não se acorda numa segunda e se decide derrubar a fertilidade da espécie ao longo da semana que se segue.

Claro que você pode viver isso, e vive, no plano individual decisório, mas a curva social ocorre porque a estrutura social da produção determina suas condições de decisão. Logo, se essa estrutura não vai mudar – nada indica que exista essa possibilidade –, é evidente que a queda da fertilidade continuará sustentada no futuro próximo.

Outro exemplo é o crescimento do mercado da saúde mental e o aumento de diagnóstico entre jovens.

A competitividade a que todos estão submetidos, a disfuncionalidade de uma família em que os membros são cada vez mais adversários potenciais em contenciosos jurídicos, a solidão em famílias atomizadas, ambiente urbano inseguro – a chance não é do Brasil virar a Suécia, mas o contrário –, as tensões da vida afetiva em que a confiança é um recurso em recuo sustentado, um futuro cada vez mais incerto no mundo do trabalho, a indústria dos diagnósticos ampliando as ferramentas desses mesmos diagnósticos gerando verdadeiros empreendedores da saúde mental, enfim, uma soma de agentes sociais e econômicos que, colocados um ao lado do outro, geram o fenômeno do aumento da vulnerabilidade mental.

Você acha que algum desses agentes que acabei de citar vai mudar? Não. Não porque eles são frutos de uma cadeia social de produção da vida em larga escala e em rede global. Pelo contrário, a indústria da saúde mental só deve aumentar e gerar mais capital a ser investido nela.

Quem sabe, em algum momento, o dinheiro do crime organizado venha irrigar esse mercado, assim como já faz numa diversidade de setores reconhecidamente. Com os limites da operação dos Estados, as contradições dos regimes democráticos que garantem a liberdade dentro da lei, ao mesmo tempo limitando a liberdade de pensamento dos cidadãos – a censura que persegue seus alvos dentro do Estado de Direito –, os mecanismos cada vez mais líquidos de circulação financeira, e dado o gigantesco acúmulo do dinheiro do crime, a corrupção de setores dos governos e do empresariado, a ideia de ter dinheiro do crime em vários setores do mercado legítimo só deve crescer. Isso também não vai mudar.

A vocação humana para o vício é ancestral e não vai mudar. Isso continuará a sustentar o narcotráfico. Você acha que, por acaso, quando um defensor do meio ambiente e da diversidade fuma um baseado ou usa alguma outra droga qualquer para ficar feliz, ele está pensando que ele é o consumidor final do narcotráfico? Não, se você o acusar disso, ele produzirá uma série de racionalizações para negar sua responsabilidade na cadeia criminosa.

Num certo nível, é possível dizer que, ao final do século 21, o mercado legítimo estará irrigado pelo dinheiro do crime em larga escala e de forma impossível de ser feito qualquer discernimento. Exército de advogados, juízes, empresários, jovem ambiciosos, políticos corruptos trabalham dia a dia para a passagem desse capital ilícito para o lícito.

O crime organizado é uma das principais forças econômicas do mundo. Oferece muitos empregos em setores legítimos da sociedade, investindo mesmo em saúde, educação, lazer, cultura e no mercado jurídico, neste caso, por razões óbvias.

A acomodação dos agentes culturais, suas empresas, ONGs, instituições sociais e de educação ao dinheiro lavado do crime é um processo que até o final deste século será uma realidade aceita, inclusive, pelas formas mais contemporâneas de espiritualidade.

A ESPIRITUALIDADE PODRE

Para além da lavagem de dinheiro sujo que irriga setores supostamente sagrados do nosso mundo contemporâneo, entre eles as religiões, suas seitas, seus templos e seus negócios, há uma espiritualidade podre no ar. De onde vem esse fedor?

Entre outras possíveis causas, apostaria no fato de que a espiritualidade contemporânea, ou "novas espiritualidades", como se dizia no início do século 21, está atada à ideia de felicidade e bondade *a priori* da alma – ou do eu, como se costuma dizer hoje em dia.

Todas as formas ancestrais de espiritualidade – entendida como a vida prática cotidiana nascida da intimidade com o sagrado – brotavam de uma luta espiritual, um combate – como vimos quando falamos das práticas monásticas antigas. Que combate era esse?

Basta compararmos os textos espirituais das grandes religiões do passado – e que ainda existem hoje, mas agora completamente contaminadas pelo odor da vaidade contemporânea – às falas ou aos textos daqueles que se dizem portadores e praticantes das formas "modernas" de espiritualidade para vermos uma diferença essencial. Enquanto aqueles desconfiavam das artimanhas de um eu vocacionado à mentira da autoestima, como se diz hoje em dia, nossos contemporâneos abraçam a vaidade da autoestima como espinha dorsal da vida espiritual.

Todo o universo do sagrado agora existe para servir a nossa vaidade, nossas metas, métricas e desejos. A desconfiança para com a mentira implícita em toda forma de discurso para nos deixar felizes desapareceu sob o manto dos direitos transcendentais de uma espécie que, finalmente, conseguiu se esquecer de quem é.

Se a espiritualidade um dia fez coro com uma cultura que desconfiava de nós mesmos, hoje a espiritualidade é mola mestra do delírio moderno do *homo sapiens*. Esse delírio se caracteriza espiritualmente pela crença no progresso da alma. Esse progresso, por sua vez, deita raízes naquilo mesmo que as espiritualidades ancestrais temiam: nosso gosto pela violência, crueldade, mentira, ignorância, enfim, nosso terror da contingência.

A capacidade de produzir um sagrado que não se alimentasse desse terror demorou a acontecer nas formas antigas de religião. Esquecemos disso. A atenção a nossa experiência histórica íntima se desfez. Acabamos por submeter todo o transcendente a nossa atividade de *coaching* de sucessos.

Resumindo a ópera espiritual humana, sem o olhar atento ao mal que nos habita, não há espiritualidade possível. O mero discurso do amor à humanidade – grande equívoco do cristianismo – se desmancha diante da primeira tempestade que vem do mundo ancestral ao qual ainda pertencemos: a viga mestra de toda forma de vida para além do banal da matéria é o terror da contingência, no mundo e em nós mesmos.

OS CHEFES DA FELICIDADE E A MARCA PESSOAL

Nada há de mais previsível no mundo em que vivemos do que a desgraçada disciplina do marketing obrigada a sorrir todo o tempo, projetando uma imagem de felicidade e sucesso que é falsa.

A previsibilidade é tanta que duas das suas invenções em meados da década 2020, após a pandemia, que muitas esperavam que tornaria a humanidade mais solidária – aqui se reúnem a estupidez e a ignorância com relação à história das epidemias, uma ao lado da outra –, o chefe da felicidade e o conceito de marca pessoal são a prova cabal da mais miserável falta de criatividade.

A observar o andar da carruagem ao longo do século 21, seria inevitável, uma vez que o mundo corporativo se tornou a distopia humana perfeita e, portanto, um espaço de enorme banalidade, que alguém tivesse a infeliz ideia de que as empresas devem ter um chefe da felicidade. Sua função, trazer para dentro da empresa aquela outra ideia ridícula do FIB – felicidade interna bruta. Uma cadeia de marcadores deveria medir o avanço do sentimento "objetivo" de felicidade no ambiente de trabalho.

Sabemos que na imensa maioria dos casos as pessoas são infelizes no trabalho, não porque são mais felizes nas férias com a família – nem imagine isso, aqui você não precisa mentir – mas simplesmente porque no trabalho são cobradas, demitidas, humilhadas, sem qualquer opção – a menos que você seja rico de berço.

O esforço infinito pelo dinheiro e pela comida e pelo conforto e pela saúde nos obriga a quase tudo suportar, por isso que no final do século 20, radicalizando-se no início do século 21, uma onda de palestras e *workshops* sobre felicidade no ambiente corporativo se instalou definitivamente. Na melhor das hipóteses, essa função se tornará em mais uma forma de suplício para os "colaboradores" – nome ridículo inventado no século 21 para os empregados assalariados –, porque, além de tudo, terão que pontuar nas métricas da felicidade dentro da empresa. Caso contrário, rua, porque estarão pondo em risco a motivação dos demais "colaboradores".

Caso você não queira viver assim, a velha era do marketing digital deu à luz a segunda das banalidades previsíveis do marketing como uma disciplina que perdeu a inteligência por acabar acreditando em suas próprias bobagens. Essa segunda cria é o brilhante conceito de marca pessoal.

Já que você terá que se vender para sempre – mesmo se tiver um emprego, que logo não terá mais, devido à linda fluidez do mundo contemporâneo –, você deverá fazer cursos continuados de marca pessoal, ou seja, aprender a mentir sobre si mesmo de maneira sistemática e científica. Deverá ser capaz de elencar suas *skills* dinâmicas, principalmente as *soft*, para conseguir ser empreendedor de si mesmo. Nada ficará de pé desta vez, suas mais íntimas características passarão pelas mãos do profissional especializado em marca pessoal, para empacotar você para presente.

Tenho pena em espacial dos jovens do século 21. Coitados, não terão a mínima chance de sobreviver sem desconhecer – apesar da gritaria em contrário – a humilhação absoluta da dignidade. E por quê? Porque a dignidade, essa difícil condição, só fica de pé quando você desistiu de ser um chefe da felicidade de si mesmo. A dignidade é irmã gêmea da coragem: é esse tipo de virtude que ninguém consegue fingir por mais de três segundos. Todos deverão ser patetas felizes neste século.

PARA OS NOVOS MISERÁVEIS, NÃO HÁ PERDÃO

Uma das passagens mais belas da literatura é aquela em que o padre conquista a alma do miserável e criminoso Jean Valjean com os castiçais em *Os miseráveis*, de Victor Hugo. Tendo roubado a prataria do padre que o havia recebido com carinho em sua casa, Jean Valjean é preso pela polícia na fuga. Mente para os policiais dizendo que o padre tinha dado a prataria de presente para ele. O padre não só confirma a história do mentiroso como dá a ele os castiçais, dizendo que ele os havia esquecido. "Com esses castiçais eu resgato sua alma do mal", e, a partir daí, o livro narrará a redenção de Jean Valjean. Temo que hoje uma cena dessa poderia ser incompreensível, porque os miseráveis de hoje veem a si mesmos como portadores da santidade. Ninguém precisa de perdão porque ninguém "tem pecado", ninguém é mau, todos somos anjos a vagar pelo mundo.

Talvez essa seja uma das marcas mais miseráveis da nossa cultura: não há mais miseráveis de alma que, diante da misericórdia, rompem o ciclo de violência, crueldade, ressentimento e ódio. Pelo contrário, tudo isso é parte da "carteira" de direitos a nossa disposição. Temos o sagrado direito de odiar, de tomar nossos ressentimentos como traço de nossa superioridade moral. A crueldade é mesmo uma "virtude" dos "resistentes", enfim, a violência é um direito acima de tudo.

Não há misericórdia no mundo porque não há necessidade dela quando este mundo é habitado por pessoas que se julgam plenas de bondade. O perdão só é possível quando o perdoado se reconhece como não merecedor do perdão que lhe é dado. Esse detalhe escapa a estrutura moral de uma cultura que assume que ninguém é culpado de nada. A culpa é o centro da vida moral, porque ela é o afeto moral por excelência.

A alegria histérica do mundo contemporâneo com relação às suas próprias virtudes sela o destino da estupidez moral do mundo em que vivemos. Nesse universo, não é de se estranhar que a política tenha tomado o lugar do mal-estar moral. Sendo o território da violência por excelência, não resta nela espaço algum para o perdão.

O SEGREDO DOS OSSOS

Não há redenção, por isso a buscamos desde sempre. A pergunta é: o que está errado em nós que precisamos de redenção? Os outros animais não parecem precisar de redenção. Não seria o fato de possuírem aquilo que o filósofo britânico John Gray chama de "silêncio dos animais" que os faz livres desse ruído da redenção? Quando aprendemos a falar, cativamos o desamparo como nossa estrutura essencial.

Sem dúvida que para nossa cultura a redenção humana é o robô – como disse o escritor francês Georges Bernanos no século 20. O robô pensado como o humano otimizado ou costumizado é o humano naquilo que ele teria de melhor – ou a IA, como esteve na moda há algum tempo falar. O homem aperfeiçoado nas suas potências e nos seus atos.

De minha parte, suspeito que, à medida que nos "aperfeiçoamos", e nos tornamos cada vez mais artificiais, mais o atávico nos assustará. Saindo do fundo das cavernas e dos corredores escuros, o grito do ancestral em nós porá em risco grave nosso projeto de redenção moderno. Somos uma espécie pré-histórica perdida na história, e nos últimos 200 anos nos tomamos, supostamente, o centro do Universo, simplesmente porque falamos e criamos seres imaginários. O planeta já extinguiu 90% das espécies que ele mesmo criou, por que, afinal, nós seríamos uma exceção?

O mundo contemporâneo se julga livre desse ancestral atormentado que habita em nós desde sempre. Esquecemos que somos uma espécie de macaco que "deu errado" e que, até agora, sobrevivemos graças a um meio ambiente que nos conteve e impediu que incendiássemos o mundo.

O principal centro da cultura contemporânea, aquele que a alimenta, é a crença de que nós somos autônomos e podemos nos reinventar. Por conta de sucessos pontuais que são absolutamente irrelevantes na curva do tempo, cremos piamente que caminhamos seguramente para uma superação de qualquer limite. E aí encontramos com o segredo dos ossos, o pó permanente, elemento este que pela primeira vez, no longo percurso de nossa espécie, permanece absolutamente oculto em nossas produções objetivas.

Quase totalmente impermeável ao terror que nos habita, o mundo contemporâneo parece crer piamente nos delírios que nos dizem que somos livres.

Se somos uma espécie louca, e a modernidade é o nosso maior surto, a cultura contemporânea é o clímax objetivo desse surto. Se o absurdo foi descrito na primeira metade do século 20 pelo escritor Albert Camus como sendo a dissociação entre o ator – o homem – e o cenário – o mundo –, essa dissociação piorou muito de lá para cá. Se a causa dessa dissociação é a demanda humana feita ao mundo de que ele suspenda sua indiferença para conosco, e que ele aceite torná-la matéria de nosso direito penal, não há dúvida que o absurdo aumentou desde que cremos cegamente em nós mesmos. O permanente em nós, antes do pó, são os ossos, esses são nossa última identidade, não nossa cultura moderna. São essas vozes que clamam a partir de cisternas vazias e de poços secos que carregam nossa face.

Uma crítica cultural hoje é, antes de tudo, uma crítica à felicidade e à estupidez, essas irmãs gêmeas em nossos tempos que enchem o ar com seu ruído ensurdecedor.

UM APÊNDICE BREVE

Um círculo cuja circunferência está em toda parte, o centro, em parte alguma

NÃO POSSO ENCERRAR UM PERCURSO DE CRÍTICA À CULTURA CONTEMPORÂNEA sem fazer menção ao fato de que, talvez mais do que nunca, a cultura hoje é paga, em grande parte, pelo dinheiro do crime. E aqui, devo salientar, que não só pelo fato de os agentes culturais estarem entre os agentes mais permeáveis à corrupção, em geral, seja material, seja de caráter, por conta da enorme vaidade que permeia o mundo da cultura e das artes. A causa mais aterradora é que o crime organizado e seu capital está em toda parte, como dissemos. Como dizia o filósofo Pascal no século 17 acerca do Universo, o dinheiro do crime é um círculo cuja circunferência está em toda parte, o centro, em parte alguma. Não há mais como combater definitivamente o crime organizado. O Estado convive com ele, muitas vezes se alimenta dele, o alimenta de forma ativa e depende dele para ter seus políticos eleitos e operantes.

Desde sempre, o crime fez parte do mercado de negócios. O resultado do fato de que o capitalismo se tornou ciclópico e organizado é que o crime percorreu o mesmo caminho, de modo mais ágil, porque não precisa fingir ser legítimo.

O capital do crime hoje circula por várias dimensões da atividade comercial e profissional do mundo contemporâneo. Não só no lazer, como sempre foi, mas no esporte, na saúde, na educação, no mercado imobiliário, nas atividades "revolucionárias", em organizações de direitos humanos, entre tantos outros. Junto de grandes indústrias e dos Estados nacionais, a indústria do crime senta-se lado a lado nos órgãos multilaterais do mundo, sem medo de ser feliz e participando de todos os coquetéis e eventos a favor da paz.

REFERÊNCIAS

ADORNO, Theodor. "Minima Moralia: Reflections from Damaged Life". New York City: Verso Books, 2020.

Aristóteles de Estagira. "Metafísica". Trad. BINI, Edson. São Paulo: Edipro Grupo Editorial, 2012.

BÁBEL, Isaac. "O Exército de Cavalaria". Trad. BERNARDINI, Aurora e ANDRADE, Homero Freitas de. Rio de Janeiro: Nova Fronteira, 2021.

BAUMAN, Zygmunt. "Modernidade Líquida". Trad. DENTZIEN, Plínio. Rio de Janeiro: Zahar Editora (Cia das Letras), 2021.

BERLIN, Isaiah. "O Sentido da Realidade". Trad. AGUIAR, Renato. Rio de Janeiro: Civilização Brasileira, 1999.

BERNANOS, George. "La France contre les Robots". Montreal: Le Castor Astral Éditeur, 2015.

BURKE, Edmund. "Reflexões sobre a Revolução em França". Trad. FARIA, Renato; PINTO, Denis e MOURA, Carmem Lídia. 2 ed. Brasília: Ed. Universidade de Brasília, 1997.

CAMUS, Albert. "O Mito de Sísifo". Trad. ROITMAN, Ari e WATCH, Paulina. Rio de Janeiro: Grupo Editorial Record, 2018.

COMTE, Isidore Auguste Marie François Xavier. "Cours de Philosophie Positive". Paris: Culturea, 2023.

DOSTOIÉVSKI, Fiódor. "Memórias do Subsolo". Trad. SCHNAIDERMAN, Boris. São Paulo: Editora 34, 2009.

FREUD, Sigmund. "O Mal-Estar na Civilização, Novas Conferências Introdutórias e Outros textos". Obras Completas Volume 18 (1930-1936). Trad. SOUZA, Paulo Cesar de. São Paulo: Companhia das Letras, 2010.

GÓGOL, Nikolai. "O Nariz". Trad. SIMONE, Lucas. Rio de Janeiro: Editora Antofágica, 2022.

GRAY, John. "Sete tipos de ateísmo". Trad. MARQUES, Clóvis. Rio de Janeiro: Grupo Editorial Record, 2021.

HAN, Byung-Chul. "Vida contemplativa ou sobre a inatividade" Petrópolis: Vozes, 2023.

HEGEL, Georg Wilhelm Friedrich. A Razão na História: uma introdução geral à Filosofia da História. 2 ed. Trad. SIDOU, Beatriz. São Paulo: Centauro, 2001.

HORKHEIMER, Max e **ADORNO**, Theodor. "Dialética do Esclarecimento" Trad. ALMEIDA, Guido A. de. Rio de Janeiro: Zahar Editora (Cia das Letras), 1985.

HUGO, Victor. "Os Miseráveis". Trad. FERNANDES, Casimiro L.M. Rio de Janeiro: Nova Fronteira, 2020.

KANT, Immanuel. "Crítica da Razão Pura". Trad. MATTOS, Fernando Costa. Petrópolis: Vozes, 2015.

KIRK, Russel. "A Era de T.S. Eliot - A Imaginação Moral do século XX" Trad. BRITO, Márcia Xavier de. São Paulo: É Realizações Editora, 2011.

KRAUS, Karl. "Aforismos". Trad. ZWICK, Renato. Porto Alegre: Arquipélago Editorial, 2016.

MALFERRARI, Carlos. "O delírio filosófico do historiador Salem Zoar" Edição Independente. 2021.

MARX, Karl. "Manuscritos Econômico-filosóficos". Trad. RANIERI, Jesus. São Paulo: Boitempo Editorial, 2004.

___________. "Miséria da Filosofia". São Paulo: Livraria Editora Ciências Humanas, 1982.

NIETZSCHE, Friedrich. "Humano, demasiado Humano". Trad. SOUZA, Paulo César de. São Paulo: Companhia das Letras, 2005.

ORWELL, George. "1984". Trad. JAHN, Heloisa e HUBNER, Alexandre. São Paulo: Companhia das Letras, 2019.

PASCAL, Blaise. "Pensamentos". Trad. LESAGE, Christian. Campinas: Edições Kírion, 2023.

RODRIGUES, Nelson. *"O melhor de Nelson Rodrigues: teatro, contos e crônicas"* 1.ed. – Rio de Janeiro: Nova Fronteira, 2018.

ROUSSEAU, Jean-Jacques. "A origem da desigualdade entre os homens". Trad. BRANDÃO, Eduardo. 1 ed. São Paulo: Penguin-Companhia das Letras, 2017.

Santo Agostinho de Hipona. "Confissões". Trad. BARROS, Frederico Ozanam Pessoa de. São Paulo: Editora Petra, 2020.

STEVENSON, Robert Louis. "O Médico e o Monstro". Trad. SOUZA, Alexandre Barbosa de. São Paulo: Via Leitura (Edipro), 2017.

STRINDBERG, August. "Inferno". Trad. BARROSO, Ivan. São Paulo: Hedra Editora, 2010.

TOCQUEVILLE, Alexis de. "Da Democracia na América". Trad. COSTA, Pablo e MEDEIROS, Hugo. Campinas: Vide Editorial, 2019.

UNAMUNO, Miguel de. "Do Sentimento Trágico da Vida nos Homens e nos Povos". Trad. BRANDÃO, Eduardo. São Paulo: Martins Fontes Editora, 1996.